AF366346

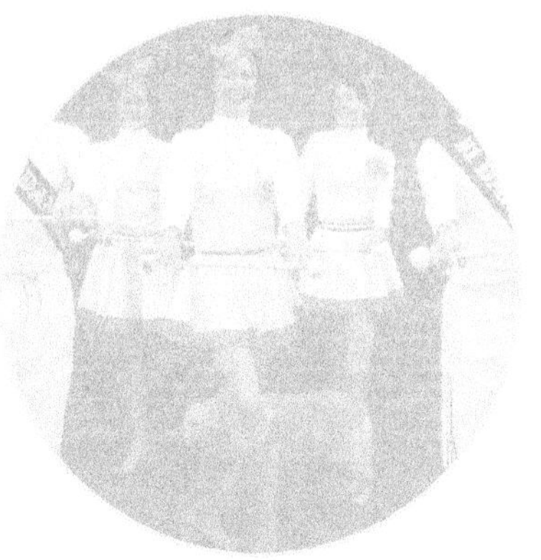

Bertille Bak. La fiaba del reale - The Fairy Tale of the Real
by Manuela Pacella

© 2018 Postmedia Srl, Milano

Cover: Bertille Bak, *Faire le mur,* 2008
Translated in Italian by Marta Fiorenza

www.postmediabooks.it
isbn 9788874902286

Bertille Bak

La fiaba del reale

Manuela Pacella

postmedia ● *data*

*È vero che i giovani non hanno alcun senso, non hanno
esperienza, sono ignoranti. Ma noi abbiamo buon senso e cosa
ci dice il nostro buon senso? Ci dice che se tutti gli anziani si
riuniscono per aiutarla, beh, sarà la prima ragazza a essere nota
durante la sua vita, diventerà una star dell'arte grazie a noi, grazie
al nostro genio pre-postumo, e si congratuleranno con lei per il
suo pensiero maturo in età così giovane, capisci?*
Bertille Bak, *T'as de beaux vieux, tu sais…*, 2007 (dal minuto
06:24 al 07:12)

INTRODUZIONE

Bertille Bak nasce nel 1983 ad Arras, nel dipartimento di Pas-de-Calais, nell'attuale regione dell'Alta Francia, con affaccio sulla Manica e al confine con il Belgio. A una trentina di chilometri da Arras risiedevano i nonni paterni dell'artista, in uno dei quartieri minerari di Barlin, la Cité N°5. Come la maggior parte dei lavoratori dei giacimenti di carbone della ex-regione Nord-Pas-de-Calais, il nonno emigrò per lavorare in miniera, nel suo caso dalla Polonia. Durante gli studi, prima presso l'École nationale supérieure des beaux-arts a Parigi dove è allieva di Christian Boltanski (2002-2007) e poi presso Le Fresnoy Studio National des Arts Contemporains a Tourcoing (2007-2008), Bak trascorre tre anni – dal 2006 al 2008 – presso la Cité N°5, alloggiando dai nonni e facendo del quartiere intero e di quella porzione della regione mineraria il proprio atelier. Il primo nucleo di lavori, prevalentemente filmici – questo il medium prediletto da Bak – risale a questi anni, e Barlin, assieme agli studi accademici, diviene il tassello principale, la radice (non a caso anche biografica) che definisce l'approccio metodologico e l'impostazione narrativa di tutte le sue opere.

Il primo video di Bertille Bak è *T'as de beaux vieux, tu sais...* del 2007 e può considerarsi un vero e proprio manifesto, contenendo tutte quelle caratteristiche essenziali che si rilevano successivamente. In primo luogo la lunga permanenza presso una comunità dove l'artista trascorre un minimo di 6 mesi non solo per osservare, conoscere e studiare ma per creare un clima di mutua fiducia senza il quale la fase successiva non è possibile, ossia quella di realizzare insieme, di coprodurre uno o più lavori. Bak non parte mai da un progetto definito a priori; a volte sono incontri casuali, osservazioni quotidiane che la portano ad avvicinarsi a gruppi di persone la cui storia vale la pena di essere raccontata perché spesso è invisibile, non ascoltata o in declino. I suoi video non hanno affatto il carattere del documento, piuttosto sono delle micro narrazioni dai toni leggeri e con punte ironiche, che evidenziano alcuni aspetti di un dato gruppo, le cui abitudini e i cui rituali divengono operazioni estetiche in grado di riaffermare il presente, di ridare dignità alla loro storia, di vederla con occhi nuovi e dai colori meno cupi. Una sorta di elaborazione creativa di un lutto o una presa di coscienza mediante atto estetico del proprio presente. Assieme ai video Bak realizza altri lavori (disegni, sculture meccaniche, ricami, etc.) spesso strettamente connesse al girato. Tra le opere a lungo termine vi sono proprio quelle iniziate a Barlin tra il 2006 e il 2008 e che ha intenzione di continuare, in un estremo atto utopico di riscossa della memoria di quegli insiemi abitativi oramai distrutti, a dimostrazione che Barlin è quel ramo portante dell'intero iter di Bak. Altri punti chiave, che si trovano già agli esordi, sono di carattere metodologico e riguardano il particolare uso del sonoro, del video-collage e il dato archivistico. Assieme a questi aspetti più tecnici ma fondamentali vi è il contesto in cui inserire Bak, ossia quel filone che vede l'artista come etnografo, e le influenze artistiche e cinematografiche come il confronto per evidenziarne analogie e differenze con altri artisti visivi.

A questi ultimi aspetti – metodologia, contesto, influenze e confronti – sono dedicati i due capitoli finali del presente libro che si è scelto di impostare, essendo la prima monografia di Bak, in maniera lineare e cronologica, seppur non completamente esaustiva. Il primo e principale capitolo, quindi, percorre il suo lavoro in maniera orizzontale e analitica, raggruppando le opere per successione cronologica e per aree geografiche, seguendo il filo degli spostamenti (e brevi stanziamenti) dell'artista a seguito delle comunità a cui vuol dar voce.

Con questa specificità del viaggiare e vivere un lungo periodo in un determinato luogo Bak dona una particolare e diversa visione alle residenze d'artista divenute oramai una modalità di lavoro per molti artisti. Alcuni, però, a seguito di anni vissuti di residenza in residenza, di nazione in nazione, per periodi a volte troppo brevi, lamentano una vera e propria assenza asfittica di una base a cui tornare o da cui partire, uno sradicamento che alla lunga può danneggiare la ricerca, in quanto caratterizzata da continue fratture. Bak, invece, avendo deciso di cominciare dalle sue radici, ha compreso come l'idea di residenza sia nella sua reale potenzialità di "risiedere", non solo in un luogo e in una città prestigiosa (lei stessa ha partecipato nel 2010 all'ISCP di New York) che può quindi dare un certo tipo di vantaggio all'interno del sistema arte, ma soprattutto in un vivere quotidiano e a stretto contatto con il gruppo di persone che diviene coproduttore del suo lavoro. Se, ad esempio, per la residenza al Centro di arte contemporanea Grand Café di Saint-Nazaire nel 2012-2014 non avesse anche scelto in quel periodo di lavorare presso un Seaman Club non avrebbe di certo realizzato *Le tour de Babel* e le opere a esso connesse; come, senza comprare un caravan e vivere in una baraccopoli rom alla periferia di Parigi *Trasports à dos d'hommes* e, ancor di più, il gruppo di lavori che va sotto il titolo *Dorohoï-Paris via Bucarest et Nuremberg* del 2012 non sarebbero stati possibili visto che la parte principale – i teloni che coprono le roulotte – è stata realizzata con i bambini rom attraverso laboratori condotti nel suo caravan-atelier.

A seguire, quindi, una lettura tutta orizzontale, da storiografia artistica, del percorso di Bak dal 2007 al 2017, senza alcuna anticipazione sul suo futuro prossimo. Con questo si vuole dar senso a un periodo intenso di attività, non chiudendolo in alcun modo se non notando la circolarità geografica con cui il decennio inizia e finisce. Bak inizia a Barlin e a oggi, mentre scrivo questo libro, ha come ultimo video *Tu reviendras poussière* del 2017, dedicato al decesso per silicosi degli ultimi membri di quella comunità oramai quasi sparita. Probabilmente un ciclo si è chiuso ma si è certi che lo svolgimento quasi paratattico e con cardini ben saldi del suo percorso continuerà esattamente con lo stesso ritmo, lento e deciso, quello delle marce, delle parate o delle processioni. Non è casuale che proprio questo elemento – della sfilata davanti all'obiettivo della camera, o all'occhio dello spettatore – sia assai presente nel suo lavoro ed è forse un auspicio di continuità in un clima generale di continua e violenta rottura. Mi auguro che riusciate a procedere nella lettura con la stessa calma e costanza e che abbiate anche la possibilità di vedere i video di Bak, vi strapperanno genuini momenti di gioia condivisa a lacrime.

Isola di Siksala, Finlandia
19 agosto 2018
(in memoria di Arturo)

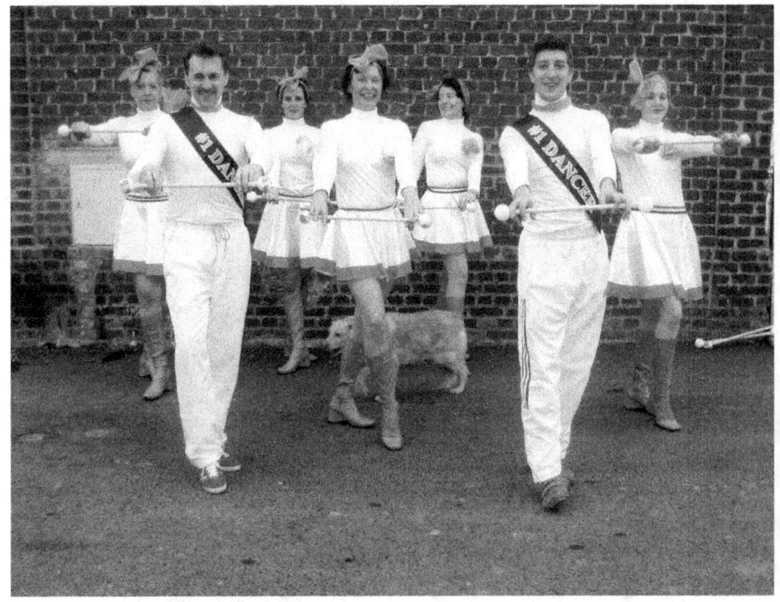

T'as de beaux vieux, tu sais..., 2007

I. PERCORSO CRONOLOGICO

2007-2009

Intorno a Barlin

Dal 2006 al 2008 Bertille Bak soggiorna presso i nonni paterni alla Cité N°5, presso il comune di Barlin in Alta Francia e, insieme agli ex minatori di carbone in pensione o disoccupati a causa del declino dell'attività mineraria attorno al 1980, crea un gruppo nutrito di lavori. Le prime opere datano al 2007 e si tratta del video *T'as de beaux vieux, tu sais...* (letteralmente "I tuoi vecchi sono belli, sai...") – considerato unanimemente il manifesto dell'artista – della durata di 24 minuti, girato a colori e in bianco e nero e in formato 4:3. A questo si aggiungono i tre corti *Court n°1*, *Court n°2* e *Court n°3* (in 4:3 e in bianco e nero) e la serie di 97 disegni a biro nero su carta dal titolo *La Cité N°5*.

In *T'as de beaux vieux, tu sais...* la comunità della Cité N°5 "si è domandata come poter aiutare una discendente della città mineraria attualmente studentessa di belle arti. Partendo dal cliché che è preferibile essere morti per avere una buona carriera artistica, abbiamo deciso di comune accordo che gli anziani della città mi avrebbero sostituito nella realizzazione del mio progetto artistico. Alcuni abitanti sono divenuti attori, altri scenografi, altri ancora sceneggiatori, etc. Per un assurdo obiettivo che ha rivelato prima di tutto la forza e lo spirito di mutuo aiuto di questa comunità"[1]. Queste le parole dell'artista in riferimento alla sua prima opera filmica che inizia con una scena in bianco e nero girata tra le cave minerarie, così caratteristiche della zona, e in cui è rappresentato un tentativo di volo con esito fallimentare il cui stile rimanda immediatamente al cinema delle origini e il cui sonoro post-prodotto, insieme ai congegni meccanici usati (binari e carrello) donano subito un tono da piccolo sketch comico che si ritrova in moltissimi dettagli dei lavori successivi dell'artista. La lunga permanenza di Bak presso gli abitanti del quartiere, il suo trascorrere molto tempo con loro e il costruire insieme

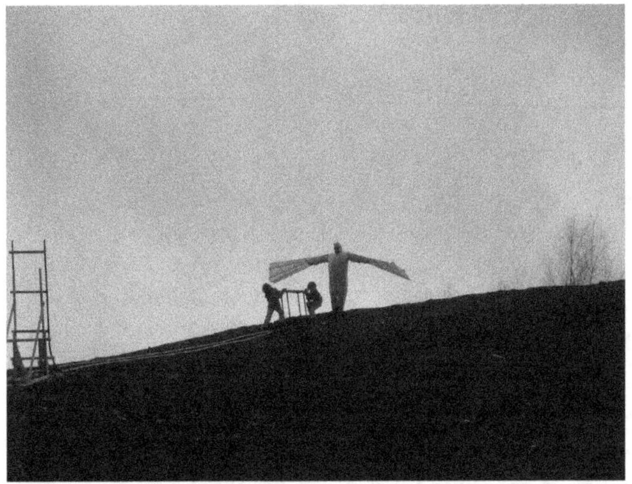

T'as de beaux vieux, tu sais..., 2007

un'opera davvero partecipata sono gli ingredienti base, a cui si aggiungono le specificità di una data collettività. In questo caso abitudini dettate prevalentemente dalla noia, come l'osservare e annotare le macchine che attraversano il paese, divengono parte integrante del processo creativo in cui il gruppo di anziani si riunisce per aiutare l'artista, ritenuta troppo giovane per avere sufficiente esperienza e buon senso da produrre qualcosa di significativo mentre Bak, dal suo canto, ridona loro legittimità non solo del loro vivere quotidiano ma dell'importanza del prendere coscienza della propria situazione – in questo caso una comunità in via d'estinzione e caratterizzata da povertà e disoccupazione sin dagli anni Ottanta. Il particolare modo in cui l'artista riesce in questo intento è affidar loro il lavoro, ridar loro la dignità del saper creare. Tra le scene più significative vi sono la marcia lungo una via della città, capeggiata dall'artista che inneggia frasi simil-rivoluzionarie quali "La società mi ha scaricato e le belle arti mi hanno salvato. Abbiamo smesso di lottare. Ora siamo pronti per brillare" seguita dagli anziani visibilmente divertiti mentre i più giovani della città rimangono nelle case a pelare le patate; oppure l'inseguimento da parte della nonna dell'artista, star indiscussa del video, degli stivali "magici" che, una volta catturati e indossati, la fanno divenire una capo majorette. Il particolare tappeto sonoro che caratterizza tutti i lavori dell'artista è post-prodotto ed è usato per incanalare l'attenzione dello spettatore verso dettagli apparentemente di secondo rilievo ma utili a favorire una "narrazione ingenua" e a prendere distanza dalla tristezza del soggetto[2] come nel caso, appunto, delle scarpe rincorse dalla nonna o nella scena di Edmond (uno degli abitanti), incantatore di galline, il cui doppiaggio è reso esplicito attraverso il girato che vede due coppie di anziani, coordinate da un direttore d'orchestra, che realizzano il suono con le loro voci in concomitanza con la visione dello spezzone video. Il medesimo scopo viene raggiunto anche con il video-collage evidente, ancora una volta, nella scena della nonna-majorette il cui volto è volutamente e rozzamente montato su un corpo più giovane.

Simili alle parti in bianco e nero di *T'as de beaux vieux, tu sais...* sono i tre corti sopra citati, sempre del 2007. Nel primo una donna è posta in una delle case della città a far da vedetta alle macchine che passano la cui targa viene annotata su fogli che riempiono le pareti della stanza. Usanza dettata da tedio che diviene lavoro e reale occupazione; nel secondo e nel terzo vi sono rocamboleschi marchingegni meccanici su binari. In *Court n°2* un gruppo di anziani si diverte telecomandando delle macchine con sopra personaggi che cercano di volare; in *Court n°3* un'assurda catena di montaggio vede alcuni bambini intenti in un lavoro corale di produzione super espressa e consegna a domicilio di patatine fritte, a dispetto del manifesto di McDonald's che ironicamente si intravede su una delle facciate delle case della città quando il corriere bambino ne attraversa una strada.

L'esigenza di catalogare, annotare e archiviare è molto presente in Bak e ha la forma di un rilievo del presente in corso di trasformazione, per donarlo a futura memoria. Questo il senso del carnet dal titolo *La Cité* N°5 con 97 disegni che raffigurano le abitazioni del quartiere, realizzati a biro su carta. L'intento non è unicamente quello di voler fermare nel tempo un processo in via di declino ma un vero e proprio ritratto di ciascuna abitazione, apparentemente l'una simile all'altra, essendo case popolari standard, ma con dettagli che le rendono differenti. "Realizzando mediante disegni l'archivio di tutti i villaggi minerari prima della loro distruzione o ristrutturazione, non intendo stabilire una lista esaustiva di tutte le sottostanti espulsioni, ma piuttosto di osservare le piccole differenze nella molteplicità degli edifici dello stesso tipo. Si comprende come ciascuno si appropri dell'architettura, come le case unifamiliari si distinguano dalla massa; l'interesse allora si concentra sulla personalizzazione da parte degli abitanti all'interno della stretta regolarità degli edifici. In tal senso per me i disegni diventano dei ritratti delle persone che hanno abitato quegli spazi"[3].

Lo stesso spirito di archiviazione e rappresentazione alimenta la serie di disegni *Senza titolo*, iniziati nel 2008 e ancora in corso. Si tratta di disegni a biro su rotoli di carta di 21 cm di altezza e di varia lunghezza. Bak ha iniziato con Barlin con l'intento poi di disegnare e archiviare tutte le città minerarie prima della loro completa scomparsa; impresa quasi impossibile visto che i lavori di ristrutturazione, rinnovo e distruzione delle città minerarie è stato iniziato oramai da molto tempo. Il 2008 è stato l'anno in cui è toccato a Barlin. La lettera ufficiale ricevuta dai residenti della città è al centro del video *Faire le mur* del 2008 (in 4:3 e della durata di 17 minuti). Se da una parte queste abitazioni avevano seriamente bisogno di essere ristrutturate visto che, ad esempio, i bagni erano all'esterno e il riscaldamento ancora al carbone, solamente durante i lavori in corso gli abitanti sono stati informati che avrebbero potuto far ritorno nelle loro case ma con un affitto triplicato oppure sarebbero stati riallocati in altre città della regione. La notizia ha reso praticamente impossibile rientrare nei loro alloggi e l'esito inevitabile è stata la fine di una vera e propria tribù la cui organizzazione era autonoma e in cui ciascun cittadino ricopriva uno specifico ruolo all'interno del gruppo.

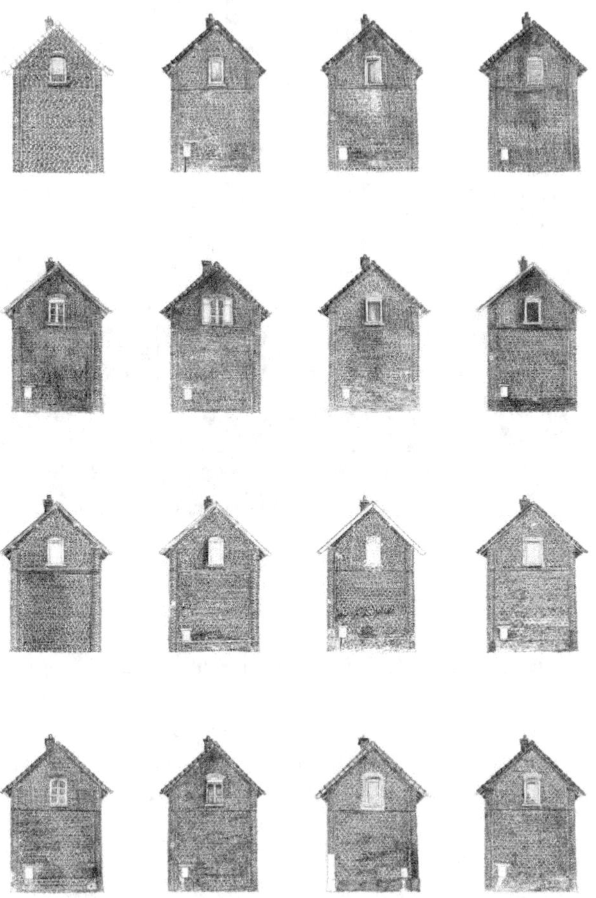

La Cité N°5, 2007

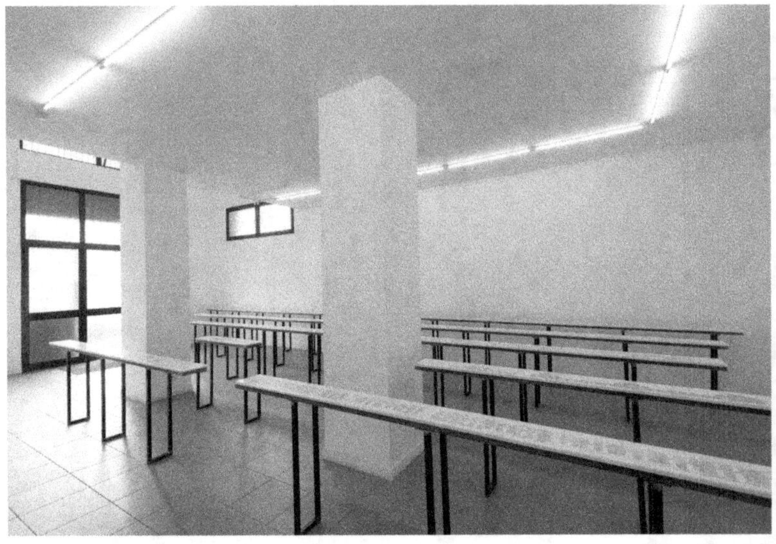

Senza titolo, 2008-in corso

Attorno a questa triste fine sono quindi i lavori datati tra il 2008 e il 2009 e in cui *Faire le mur* del 2008, prodotto da Le Fresnoy – Studio national des arts contemporains, è il cuore propulsore delle opere a esso collegate. Il video ha una caratteristica che lo differenzia da tutti gli altri. In esso un effetto di ripetizione e delay, sia del testo narrativo sia del girato, sono probabilmente coscienza di un tempo che non è più, ossia già ricordo nel momento del farsi. In questo caso alcune attività specifiche della comunità come il passaggio di un quotidiano di casa in casa per essere letto e poi dato a Hugeaux, abitante del civico 2, che lo ricicla per farne mattoni di carta da usare per il riscaldamento viene associato a nuove attività di carattere artistico con intento rivoluzionario, come la lotteria per aggiudicarsi i colori con cui riverniciare le facciate delle loro case. L'esodo inevitabile dalla propria città viene rappresentato dal passaggio di fronte alla camera ferma degli abitanti con le valigie, anche questo velato di ironia in

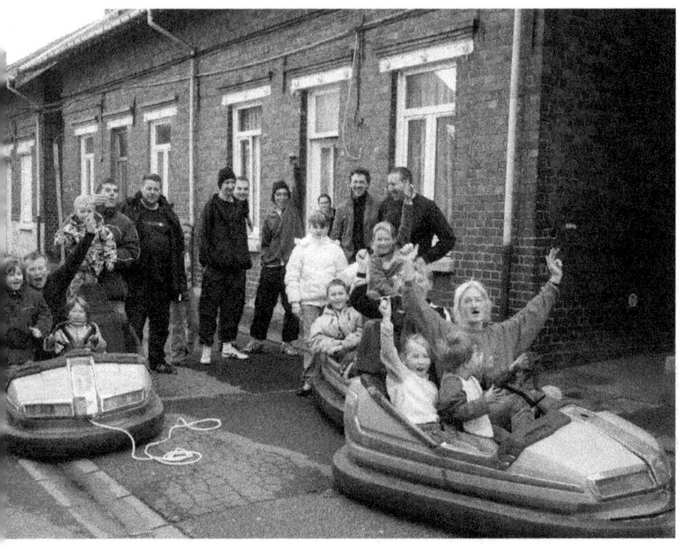

Faire le mur, 2008

quanto la processione finisce con un gruppo di galline al seguito. Alcuni elementi presenti nel video divengono poi opere autonome che hanno qui la loro origine. Il primo è una serie di porte e relativi catenacci, montate insieme, ben visibile in una porzione del girato. L'artista ha collezionato circa un centinaio di porte delle case rinnovate o distrutte delle vecchie città minerarie di Barlin, Bruay, Marles-le-mine e ne ha fatto un insieme di lavori, *Senza titolo* del 2009. A questo gruppo di opere si aggiunge l'attività di tessitura delle donne in più parti del video che risulta poi essere *La zattera della Medusa* di Théodore Géricault, metafora del loro stesso naufragio. Questo lavoro fa parte di *Rayonnage,* esposto nel 2017 a documenta14 e ancora in corso. L'artista, per tenere in vita la comunità oramai smembrata, fa tessere loro, per mantenerli uniti nonostante la distanza, arazzi tratti da quadri raffiguranti esodi o massacri e l'attività continuerà finché i membri, seppur distanti, saranno vivi.

A questi lavori se ne aggiungono altri, come *Portraits* (2009), installazione realizzata con i numeri civici originali delle case. In questi luoghi è assai comune associare il numero civico dell'abitazione al numero proprio del suo abitante, ulteriore personalizzazione dell'anonimità delle case popolari. Al 2009 risale anche una delle prime opere meccanizzate realizzate in collaborazione con Charles-Henry Fertin che segnano un altro leitmotiv nel percorso dell'artista, spesso associata alla durata della mostra in cui è esposta. In questo caso si tratta di *Robe*, una macchina elettromeccanica in grado di stampare sul muro dei tamponi a forma di mattoni, simbolo della serialità dell'architettura delle case dei lavoratori.

Questo omogeneo gruppo di lavori, insieme anche ad un'altra installazione motorizzata, *Arcadie*, costituisce la prima corposa mostra dell'artista presso Lab-Labanque a Béthune nel 2009 e la gran parte di essi – i 4 video, *Rayonnage*, *Senza titolo* (porte), *Senza titolo* (disegni) – approdano nel 2016 alla prima personale a Roma di Bak presso The Gallery Apart, significativamente intitolata *Radice*.

2010-2011
DALLA TAILANDIA A NEW YORK

Nel quartiere di Din Daeng a Bankok gli abitanti di un edificio con dieci appartamenti si vedono costretti a lasciare le case poiché l'area deve essere distrutta per far posto a un grande magazzino. Nel 2008 questi residenti hanno manifestato contro lo sfratto attraverso il canto di canzoni tradizionali rivoluzionarie tailandesi. L'evento non ha avuto un grande riscontro nei media in quanto, per assecondare il governo, non viene dato spazio a episodi simili. La voce di queste persone è stata quindi messa a tacere attraverso l'indifferenza di amministrazione politica e stampa e su questo silenzio Bertille Bak basa l'opera *Safeguard Emergency Light System* (in 16:9 e della durata di 7 minuti), esposta nel 2010, insieme alle opere

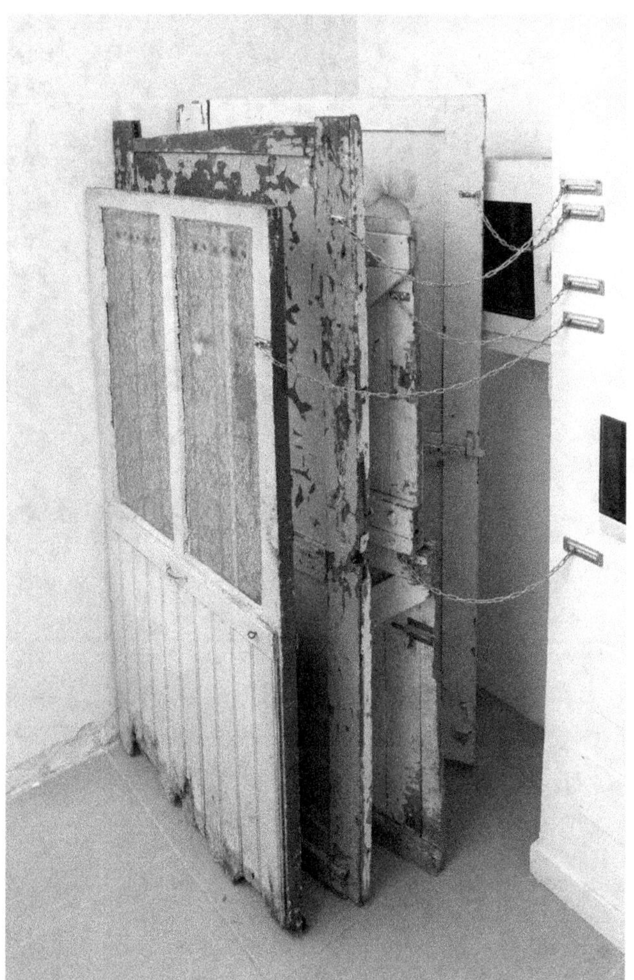

Senza titolo, 2009

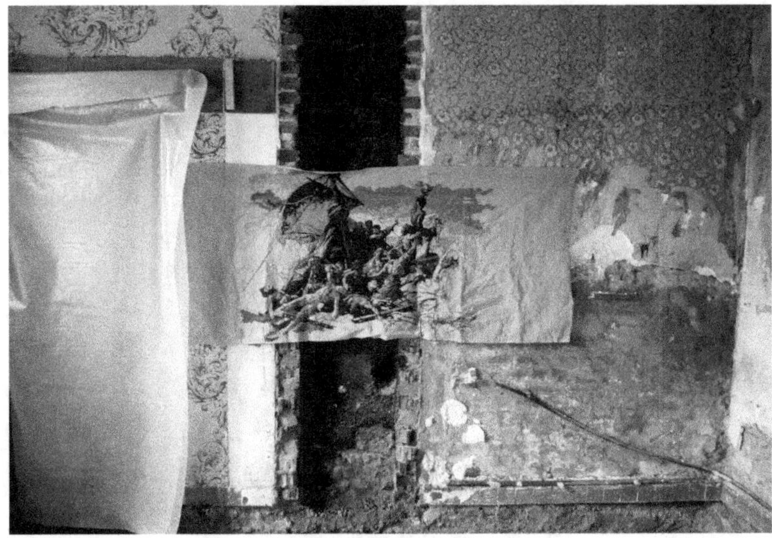

Faire le mur, 2008

connesse come *Thaï Revolutionary Score of Lights in F Major /
Music Score of Light,* nella sede parigina della galleria Xippas.
Si tratta di un'azione rivoluzionaria silenziosa, ossia di un
canto non udibile ma visibile attraverso la sua traduzione
in linguaggio Morse luminoso con piccole torce che
ciascun nucleo abitativo emette dal proprio terrazzo.
Il video è diviso in due parti: nella prima gli abitanti provano
la canzone muta con un direttore d'orchestra (con dettagli
umoristici e rivelatori della messa in scena artistica del crollo del
palazzo); nella seconda l'intero edificio è ripreso frontalmente e
la canzone viene riprodotta non solo dai segnali luminosi visibili
dalle loro terrazze ma anche attraverso il ticchettio delle torce
che si accendono e spengono. Qualche secondo dopo la fine
della canzone il palazzo crolla. L'epilogo, amaro e inevitabile,

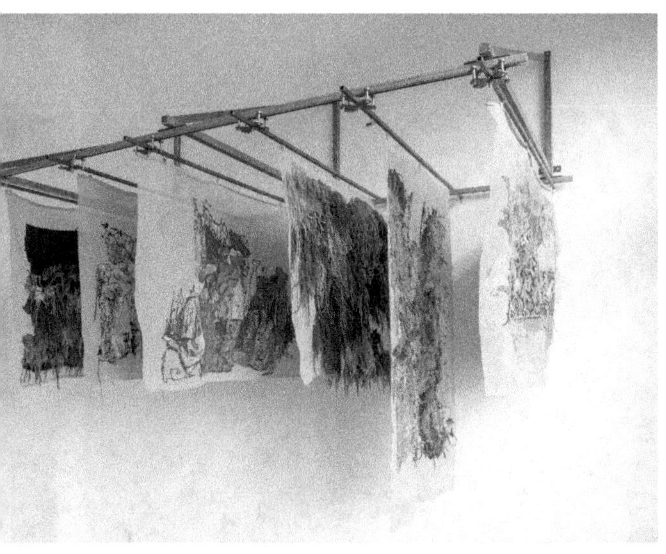

Rayonnage, 2009-2014

segue a un'operazione che ha restituito attenzione a un gruppo di persone che, insieme a Bak, ha celebrato la propria inevitabile fine, attraverso una mobilitazione silenziosa e alternativa. Come per tutte le azioni coprodotte con le comunità "l'evento non è destinato a cambiare la realtà ma piuttosto a 'finire in bellezza' con un atto poetico (…) che scambia i ruoli di vittime e attori"[4].

Nel 2010 l'artista, grazie al premio Edward Steichen, si trova in residenza a New York per sei mesi, presso l'ISCP. In questa occasione Bak intreccia nuovamente la sua storia personale a quella collettiva, frequentando gli emigrati polacchi a New York. La conoscenza e l'osservazione di questa comunità la porta a realizzare una serie di lavori, tutti del 2010, che divengono poi strumenti per il video finale, del 2011. Rispetto ai video precedenti, quindi, non vi sono opere materiali "derivate" e connesse ad

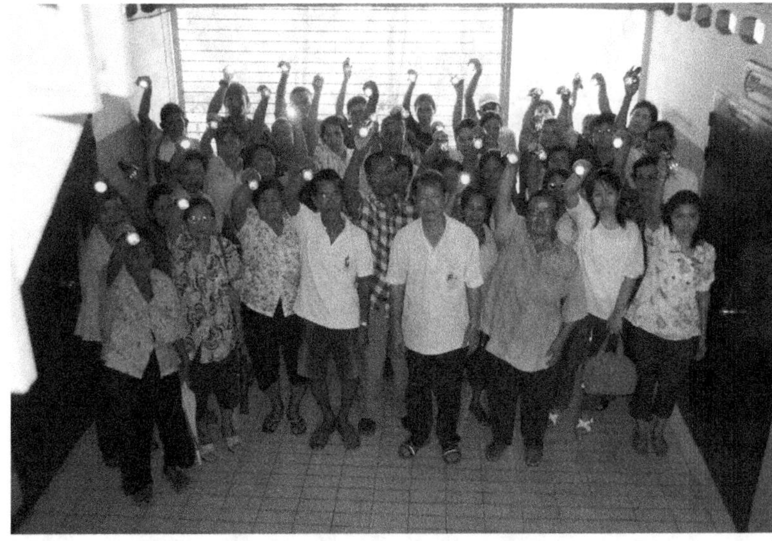

Safeguard Emergency Light System, 2010

aspetti artistici o ritualistici della comunità, ma queste vengono realizzate in un momento antecedente per poi venir integrate nel video, in questo caso usate dal protagonista principale, un migrante polacco appena arrivato a New York in cerca dei suoi connazionali. La narrazione è più vicina alla fiction che al documentario ed è puntellata, come sempre, di elementi umoristici e poetici. La serie va sotto il titolo di *Urban Chronicle* e viene esposta nel 2011 al Palais de Tokyo di Parigi. Il primo lavoro – *Urban Chronicle 1* – è costituito da 22 zattere in bottiglia, simbolo principe di esilio (sia la zattera sia il messaggio in bottiglia). *Urban Chronicle 2* e *Urban Chronicle 4*, invece, derivano dall'osservazione degli aggruppamenti di antenne satellitari e alla deduzione di Bak che a una massiva concentrazione di queste corrisponda la presenza di un gruppo di migranti i quali mantengono un legame con i loro paesi attraverso i media.

Ne deriva un'annotazione su mappe dei satelliti e una forma di archiviazione per ritrattistica degli insiemi di antenne: *Urban Chronicle 2* è costituito da quattro cartografie con la localizzazione delle parabole a Manhattan, Brooklyn, Queens e Bronx, grazie all'aiuto di Google Maps; *Urban Chronicle 4* consta di ben 1792 disegni contenuti in 14 quaderni con tutte le antenne satellitari dei quartieri polacchi di Brooklyn e Queens. Il migrante polacco protagonista di *Urban Chronicle 3* del 2011 (in 16:9 e della durata di 20 minuti;) inizia il suo viaggio verso New York City dalla città di Zambrov, in Polonia. Dopo essersi classificato primo in una gara di corsa alle ranocchie riceve in dono, da due donne in abiti tradizionali polacchi, le carte utili per trovare la comunità di riferimento una volta arrivato a destinazione, e una zattera in una bottiglia che porterà a tracolla con sé sino a un serbatoio d'acqua (di quelli tipici che si scorgono sui tetti newyorkesi), raggiunto grazie alla guida per satelliti delle cartine e dove potrà appendere la sua bottiglia insieme alle altre. Il video è interrotto da inserti pubblicitari polacchi ed è condito di elementi sfacciatamente ironici come la testa del piccione sul semaforo che si muove per osservare la macchina in cui il migrante viene trasportato, e da aspetti più documentaristici come la parata finale realmente avvenuta e sui cui stendardi e carri l'artista monta altre frasi indirizzate al nostro giovane polacco come "Welcome", "Well Done", "Congratulations, you did it" "Welcome to the Polish immigrant 2010". Il video si conclude con l'elenco dei migranti con cui Bak è entrata in contatto in questo periodo. Non le basta ringraziarli attraverso il solo nome ma aggiunge dati importanti che ne restituiscono, ancora una volta, un ritratto: date di nascita, quelle di arrivo a New York e loro occupazione attuale.

2012

Ascesa e discesa a Parigi

Al 2012 risalgono due gruppi consistenti di opere che segnano un importante momento di affermazione da parte dell'artista in quanto i punti chiave del suo lavoro emergono in maniera decisa. Il primo è coprodotto con Les Eglises – Centre d'art contemporain de la ville de Chelles e qui esposto nel 2012; il secondo, invece, coprodotto con il Musée d'art moderne de la Ville de Paris. Entrambi i progetti sono esposti alla mostra *Circuits* al Musée d'art moderne de la Ville de Paris nel 2012.

Se, in linea generale, Bak dà visibilità a situazioni nascoste o sconosciute in progressiva via d'estinzione e, quindi, si concentra sulla narrazione di un presente che di lì a poco svanirà, qui l'idea del movimento, della partenza, dell'inevitabile declino è ancora più forte. In un caso si tratta dell'imminente approssimarsi della fine; nell'altro della reale possibilità di venire deportati. Ci troviamo a Parigi, in due luoghi molto differenti: un convento al centro della città e una baraccopoli rom in periferia, a Ivry sur Seine.

Ô quatrième è un video di 17 minuti, in 16:9, dedicato al quarto piano del convento parigino e ha come protagonista Suor Marie-Agnès che in maniera esplicita ci dice, al minuto 10:31, che "è una storia sui livelli, tutto funziona sui livelli". Pian piano che le suore invecchiano vanno al piano superiore sino ad arrivare al quarto, che è quindi quello di poco antecedente all'ascesa finale. Sino al terzo piano vi sono le sorelle che ancora riescono a fare piccoli lavori utili all'attività monastica. L'arte del riuso, anche a carattere semplicemente decorativo e, in questo caso, quasi animistico, è dato dall'attività di Suor Marie-Agnès di creare delle piccole bambole con scampoli di lana attorno a corpi di ex tappi di sughero. A questo si associa poi un altro curioso passatempo con cui si apre il video: un gruppo di suore è intento a tagliare a metà, in maniera meticolosa, vecchie agende telefoniche. A Suor Marie-Agnès è affidato poi il compito di foderarle con porzioni di stoffa. L'utilità di questi oggetti è svelata poco dopo: sono dei piccoli cuscini per gli inginocchiatoi.

Quando arriva il suo momento Suor Marie-Agnès scende al piano terra e, di fronte alle sue compagne di voto che lentamente accorrono, sale su un montascale elettrico sul cui retro vi è una assai divertente parodia del "Safety on Board" degli aerei declinato per questo specifico strumento per suore. Arrivata in cima affigge sul muro dei grandi fogli di carta con delle preghiere. Si tratta di "un gesto di attivismo prima di raggiungere il paradiso: in cima al montascale si assiste all'affissione selvaggia delle preghiere"[5]. Che il suono rivesta un ruolo fondamentale lo si evince dallo spezzone in cui l'attenzione viene data alle pantofole della suora che trasporta su di un piccolo carrello i cuscini artigianali per gli inginocchiatoi dove il rumore è amplificato in maniera paradossale e burlesca, termine che ben si addice al lavoro di Bak e, in modo particolare, a *Ô quatrième*.

Attorno a questo video l'artista sviluppa una serie di opere che in qualche modo rinviano, per l'estetica, all'arte concettuale, al minimalismo e alla scultura monumentale[6] ma che, per contenuti, invece, riscattano la frugalità di questa piccola confraternita. Si tratta di *Bande son*, una serie di scatole contenenti gli oggetti appartenenti alle sorelle del quarto piano, utilizzati per la colonna sonora del video il cui uso esatto da parte dell'artista è indicato su un foglio con la pianta della stanza. A questo si aggiunge il montascale dove sale Suor Marie-Agnès (*Senza titolo*, 2012), e *Cellule*, placche in alluminio giallo con la forma dello spazio abitativo assegnato a ciascuna suora, poste a terra.

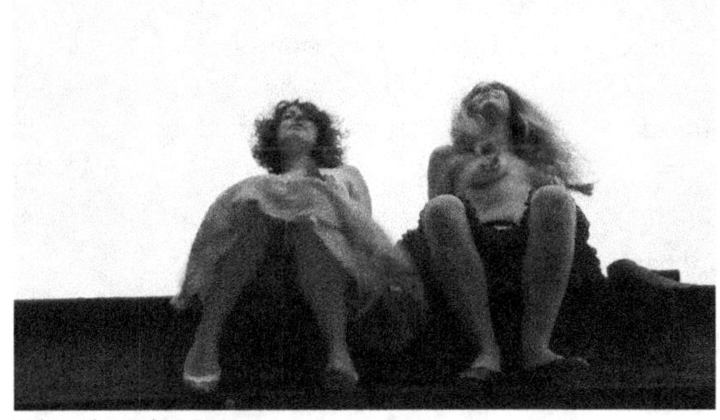

Urban Chronicle 3, 2011

Se in *Ô quatrième* il suono relativizza la sofferenza rappresentata, nell'altro lavoro video del 2012, *Transports à dos d'hommes* (in 16:9, della durata di 15 minuti) questo sovrasta, schiaccia ed è volutamente violento. Questo video nasce dalla semplice osservazione da parte dell'artista di un gruppo di musicisti rom in metropolitana e di come il rumore di quest'ultima domini talmente da annullare alcune note dei brani eseguiti. In questo caso Bak si è dapprima avvicinata ad alcuni suonatori di fisarmonica rom che poi, una volta stabilito un rapporto di fiducia, l'hanno introdotta al resto della comunità dove l'artista si è trasferita per un lungo periodo, con un caravan divenuto suo atelier. Con essi ha eseguito il lavoro all'interno del quale – come avvenuto in *Urban Chronicle 3* – ha inserito alcuni dettagli che poi ha esposto autonomamente, guide e strumenti di sopravvivenza alla ferocia del mondo "democratico" in cui questa popolazione è costretta a vivere nascosta. Si tratta di parte dell'immensa impresa di registrazione e rilievo dal titolo *Notes englouties*. Bak ha registrato e archiviato il suono dapprima di tutte le linee della metropolitana di Parigi e, in seguito, di quelle di Londra, Madrid, Roma e Berlino, le altre capitali dove il gruppo rom aveva già vissuto in precedenza, per determinare quale fosse il luogo a loro più ostile. Per ciascuna città, su un vecchio Pilis (piano indicatore luminoso di itinerari), è possibile spingere un pulsante e ascoltare il rumore del percorso selezionato. A questo primo archivio sonoro l'artista aggiunge un secondo rilevamento che invece registra i picchi di saturazione del rumore delle metro e le note che vengono cancellate in quel momento delle otto canzoni tradizionali più suonate nelle capitali europee. Realizza in questo modo circa 600 grafici per l'opera *Notes englouties 2*.

Un elemento non difficile da notare nel video è la tenda fatta con tappi di sughero. Il parallelismo con quelli usati da Suor Marie-Agnès per i suoi piccoli pupazzi è immediato. Da passatempo, quindi, a oggetto di utilizzo fondamentale, dal valore inestimabile per i rom, fungendo infatti da isolamento termico e sonoro.

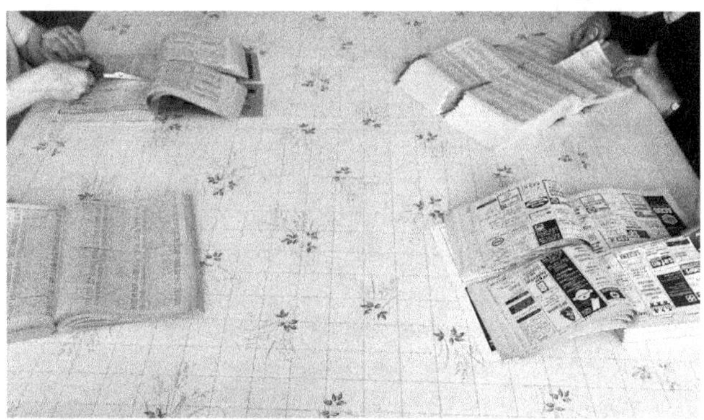

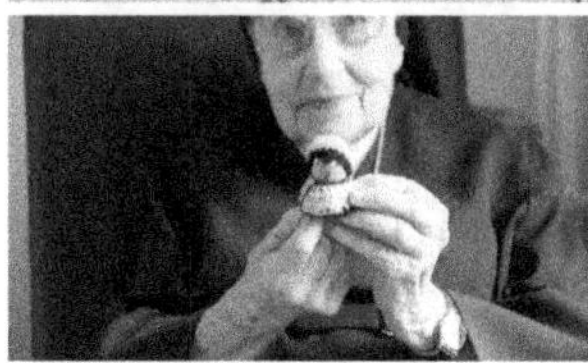

Ô quatrième, 2012

Una tenda realizzata in questo modo è esposta da Bak, insieme a questi lavori, alla mostra *Circuits* a cui si aggiunge l'installazione *Dorohoï-Paris via Bucarest et Nuremberg*, costituita da un video muto di 3 minuti mandato in loop e una lunga tela dipinta arrotolata. Si tratta dell'esito di un laboratorio condotto con i bambini rom mentre Bak viveva con loro nella baraccopoli. Nella parte finale del video *Transports à dos d'hommes* l'arrivo di un treno "poliziesco" porta tutti gli abitanti della baraccopoli a entrare nei loro caravan e a tirare giù una bizzarra tenda. Esternamente è dipinta come il paesaggio circostante; si tratta quindi di un vero e proprio camouflage e un espediente per sfuggire ai continui controlli con rischio di deportazione. In *Dorohoï-Paris via Bucarest et Nuremberg* Bak, insieme ai bambini, ha dipinto tutti i paesaggi che si incontrano da Dorohoï, la loro città di origine in Romania, sino a Parigi, dopo un accurato lavoro di inventariazione. Il video in loop è la messa in pratica di questa ingegnosa e rocambolesca nuova tecnica camaleontica.

2014

Dal 2011 al 2013 Bertille Bak incontra un gruppo di cacciatori della foresta alsaziana, nel borgo di Ursprung, con i quali convive per un periodo. Il risultato è *Le hameau* del 2014, video in 16:9 della durata di 22 minuti. La quotidianità di questi guardiani/cacciatori è scandita in maniera regolare da attività quali il censimento delle specie animali, l'addomesticamento dei cani da caccia (talmente umanizzati che siedono a tavola con loro, mangiando da un piatto) e la falegnameria. Il confine tra umano e animale è sottile e diviene evidente specialmente nella porzione di girato in cui un giovane uomo cammina, corre e salta per i prati esattamente come farebbe un lupo, di fronte ai suoi "confratelli" che giudicano la sua bravura. Che si tratti di un lupo lo si evince dalla domanda che un bambino gli rivolge: "E se il lupo si dovesse accorgere che non sei un lupo?". Difatti la piccola comunità è minacciata dall'arrivo del lupo che deve essere rimandato sulle Alpi. Durante lo stesso periodo Bak entra in contatto con alcuni collezionisti di oggetti militari e da questa conoscenza deriva il lavoro *Collection automne hiver 2013/2014* costituito da circa 300 soldatini in latta di Norimberga ai quali l'artista ha sostituito l'uniforme napoleonica originale con il guardaroba dei cacciatori alsaziani, dipinto a mano. Al 2014 data anche la videoinstallazione *Traquenard* costituita da tre video della durata di 15 minuti, mandati in loop e realizzati insieme a Charles-Henry Fertin. Si tratta di una serie di animazioni realizzate con un tratto delicato di trappole che si attivano in maniera casuale. L'attivazione è collegata a un sonoro la cui intensità richiama l'attenzione dello spettatore che continua la visione in un costante stato di allerta, non sapendo quando la successiva trappola scatterà.

Tra il 2012 e il 2014 Bak è in residenza presso il Centro di arte contemporanea Grand Café di Saint-Nazaire dove poi esporrà nel 2014 la serie di importanti opere connesse a questo periodo e all'imponente porto della Loira Atlantica.

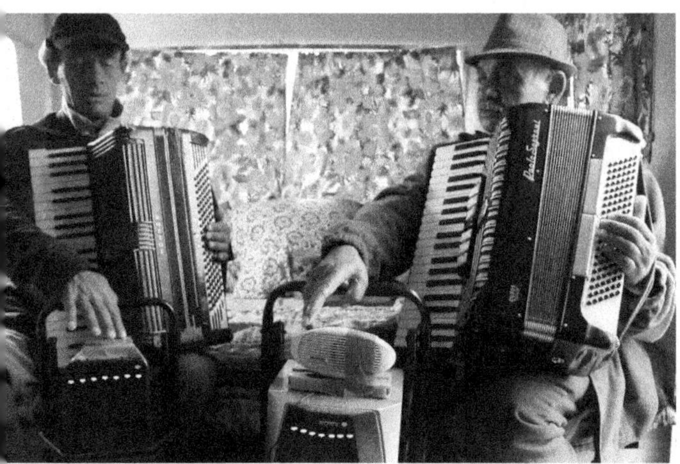

Transports à dos d'hommes, 2012

Per essere più vicina ai marinai con i quali Bak vuole stabilire un rapporto, l'artista trova lavoro presso un Seaman Club per poter meglio dialogare con loro. Si verifica un cambiamento di approccio in Bak, dovuto a forze di causa maggiore. Piuttosto che sulla convivenza questo lavoro si basa sull'assenza poiché l'artista non può stare per un periodo lungo con i marinai. Questi, infatti, rimangono a Saint-Nazaire per un massimo di due notti, fatta eccezione per l'equipaggio delle navi da crociera che si trattengono qualche settimana. A loro si aggiungono gli operai che lavorano alla costruzione di queste immense imbarcazioni per turismo.

Durante la sua permanenza nella città portuale Bak ha potuto osservare le fasi della costruzione di MSC Preciosa: "Un vero tempio per le distrazioni galleggianti, questa monumentale nave da crociera era all'epoca la più grande d'Europa"[7]. Sulla costruzione di questa immensa "Torre di Babele", sulle condizioni di vita dell'equipaggio e sulla realizzazione di un sogno da parte

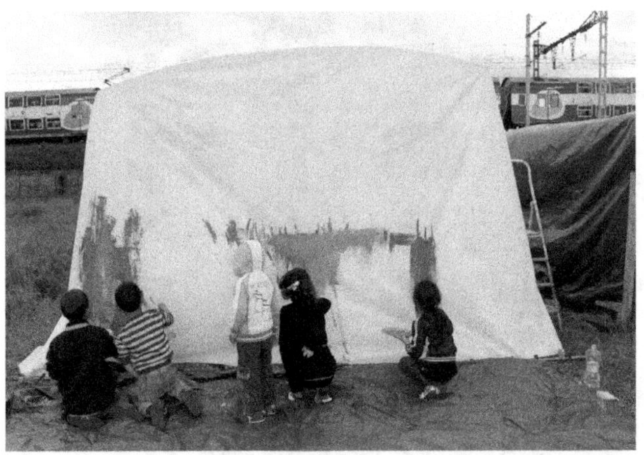

Camouflage per caravan realizzati con i bambini rom di Ivry sur Seine per il video *Transports à dos d'hommes* e per l'installazione *Dorohoï-Paris via Bucarest et Nuremberg*, 2012

dei passeggeri che spesso hanno risparmiato una vita per potervi alloggiare Bak concentra la propria attenzione per realizzare il video *Le tour de Babel*, l'installazione *Les complaisants* e l'opera elettromeccanica di duchampiana memoria, *La marée mise à nu par ses célibataires, meme*, tutti lavori esposti per la prima volta a Le Grand Café di Saint-Nazaire nel 2014. "Il sogno inizia a Marsiglia per poi approdare in Italia, a Tunisi e in Spagna, prima di finire dove era iniziato. Sbarcando e reimbarcando continuamente i villeggianti, che spesso hanno investito una vita intera di risparmi, premiati con un arredamento superfluo, più o meno 'autentico' a seconda di quale è il piano dove si trova la loro cabina. Per gli operai di cinquantatre diverse nazionalità è una vera dannazione nel Mediterraneo: il ciclo di una settimana, una ripetizione senza fine di quindici ore di lavoro e tre uniformi al giorno. Caricatore, cameriere, addetto alle pulizie, attore, addetto alla lavanderia, croupier, massaggiatore ... i lavori si susseguono rapidamente come il bingo, i bagni di sole, le danze da sala o la Zumba. A poppa, batte la ben nota 'bandiera di convenienza', rivelando ostinatamente dove la nave italiana è registrata a fini fiscali. Nelle acque internazionali le leggi sull'occupazione e sulla sicurezza sono quelle di Panama o delle Isole Cayman"[8].

La descrizione della nave, assieme alle condizioni dei lavoratori causate dalla "bandiera di comodo" – o altrimenti detta "bandiera ombra" – adottata in mare per evitare alcune tassazioni ma non assicurando la sicurezza e le adeguate condizioni di lavoro dell'equipaggio è descritta nel video *Le tour de Babel* attraverso una voce narrante simile a quelle dei report sportivi, mentre l'immensa città su mare, apoteosi del turismo di massa, sfila lentamente di fronte alla telecamera. Le condizioni alienanti dei membri dell'equipaggio vengono messe a confronto con quelle dei villeggianti che anche loro, in maniera incosciente, assecondano un ritmo consumistico del benessere o del divertimento che rende il video davvero poco rassicurante. La solitudine dei marinai, le loro condizioni di vita a cui è stata tolta dignità e la loro lontananza dai paesi di origine e dalle loro mogli e famiglie è oggetto principale di interesse di Bak che riesce a instaurare un rapporto di fiducia con queste persone e a farsi dare da ciascun membro conosciuto mentre è a Saint-Nazaire una ciocca di capelli con i quali realizza *Les complaisants*, serie di 35 intarsi raffiguranti "bandiere di comodo". Con questo lavoro Bak riprende un'antica usanza dei marinai che durante il tempo libero nei lunghi attraversamenti in mare usavano i propri capelli per lavori tessili.

Riattivando Bak, al loro posto, quest'antico atto ritualistico ridona ai marinai la dignità strappata. *La marée mise à nu par ses célibataires, meme*, realizzata insieme a Charles-Henry Fertin, è costituita da una serie di fotografie erotiche di donne, nascoste da tendine rosse che si aprono seguendo uno specifico ritmo-balletto. Esposta a Le Grand Café di Saint-Nazaire l'opera elettromeccanica era collegata, attraverso un computer visibile agli spettatori, al porto che forniva in tempo reale dimensioni, nomi e informazioni sulle navi che entravano. A ogni ingresso di un'imbarcazione nel porto l'apertura delle tendine si fermava e la struttura meccanica a terra si muoveva, adattandosi alle misure della nave entrata. Momentanea "sospensione del tempo che forse finalmente permette alle donne dei poster di essere messe nel corpo delle mogli che aspettano nel porto"[9]. Una diversa versione di *La marée mise à nu par ses célibataires, meme* è stata esposta, insieme ad altri lavori, per la seconda mostra personale a Roma di Bak presso The Gallery Apart, *All Inclusive Viaggio* del 2018. In questo caso, poiché l'opera non è in stretta connessione con il porto di Saint-Nazaire, consta unicamente dell'aritmia dell'apertura delle tendine secondo una casualità meccanica, molto simile alla videoanimazione *Traquenard* precedentemente citata, tenendo gli spettatori in curiosa allerta per una frazione di secondo di nudità.

2015
ATTRAVERSARE I CONFINI

Alla Biennale d'Arte Contemporanea di Lione del 2015 Bak espone *Figures imposées*, video di 16 minuti in 16:9, commissionato dalla Maison des Femmes du Hédas all'interno del programma "Nouveaux Commanditaires", avviata e sostenuta dalla Fondation de France per tramite dell'associazione Pointdefuite. L'opera si avvale di altri supporti dalle seguenti istituzioni: Fondation Daniel e Nina Carasso; Direction Régionale des Affaires Culturelles d'Aquitaine; région Aquitaine. La Maison des Femmes du Hédas si trova a Pau, nella regione di Nuova Aquitania e, sin dagli anni Ottanta, accoglie donne di ogni nazionalità e lotta contro la violenza, la discriminazione e il razzismo.

Di fronte a questa commissione l'artista si trova a riflettere, come già in precedenza (soprattutto per i rom parigini), sul tema dell'immigrazione, declinato al femminile e dedicato alla pericolosità del viaggiare clandestino. Il video è girato nel

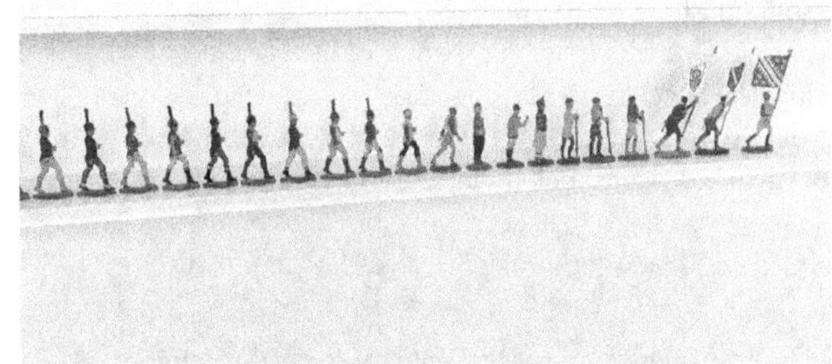

Collection automne hiver 2013/2014, 2014

campo di Gurs, a Béarn, nel Sud Ovest della Francia, costruito nel 1939 per ospitare i repubblicani in fuga dalla Spagna e un gruppo di donne di diversa età e provenienza è sottoposto a un duro addestramento il cui fine è quello di evadere i controlli nascondendosi all'interno di veicoli aerei o terrestri in costruzione, creando piccoli laghi artificiali per andare sott'acqua, o camminare rasoterra cambiando i colori dei vestiti a seconda dell'appezzamento che si attraversa, se cosparso di fiori gialli, se semplice erba verde o terriccio appena concimato. In una preparazione alla Full Metal Jacket l'evidente fatica con cui le donne si esercitano si contrappone alla fabbricazione degli aerei o dei camion dove la routine dei lavoratori viene spezzata da veloci e scure figure che trovano bizzarri nascondigli. La spiccata ironia di questi momenti e, in generale, della farsa di tutto il filmato, è purtroppo resa amara dalla verità di fondo, come avvenuto già per i camuffamenti delle roulotte dei rom.

Durante la permanenza a Saint-Nazaire Bak sviluppa un forte interesse verso l'industria del turismo di massa a cui è dedicata la trilogia *Usine à divertissement*, coprodotta dal Centre d'Art Contemporain de Genève per la Biennale de l'Image en Mouvement del 2016. Dalle navi da crociera analizzate in *Le tour de Babel* si passa a una differente forma di viaggio che, nonostante le premesse siano dettate da principi di sostenibilità o responsabilità, sta di fatto trasformando negativamente molte realtà tribali.

Si tratta del turismo aborigeno. *Usine à divertissement* (in 16:9, della durata di 20 minuti) è composto da tre video girati in altrettante differenti località che analizzano la tematica da diversi punti di vista: nel villaggio Lahus, in Tailandia del Nord, dove la quotidianità è cadenzata dalla messa in scena per i villeggianti stranieri; un borgo nella regione montana del Rif, nel Nord Marocco, dove la popolazione sta per affrontare l'arrivo del turismo; Saint Marie de la Mer, in Camargue, nella Francia del Sud, dove si mantiene viva una tradizione che ha non più di un secolo di storia. Così Bak descrive la motivazione che ha dato origine alla trilogia: "Sono stata in Tailandia più di dieci anni fa e ho visto come è cambiato il paese. Il turismo di massa è arrivato ed è diventata una destinazione top in Asia. L'intrepido turista viene ospitato in un magnifico resort e gli viene presentata un'ampia scelta di escursioni, tra cui l'oramai molto richiesta visita a un villaggio tribale. A poco a poco, poiché l'interesse per il turismo aborigeno è cresciuto, sono stati costruiti dei villaggi appositamente vicino alle grandi città. Diverse tribù, che non hanno mai vissuto insieme prima, sono state sistemate sulle stesse strette strisce di terra. Riserve artificiali umane come queste esistono come intrattenimento per soddisfare la brama del turista per l'esotico, a cui si aggiunge un pasto tradizionale, una danza, alcuni oggetti artigianali e un selfie in abiti tipici con i 'selvaggi'.

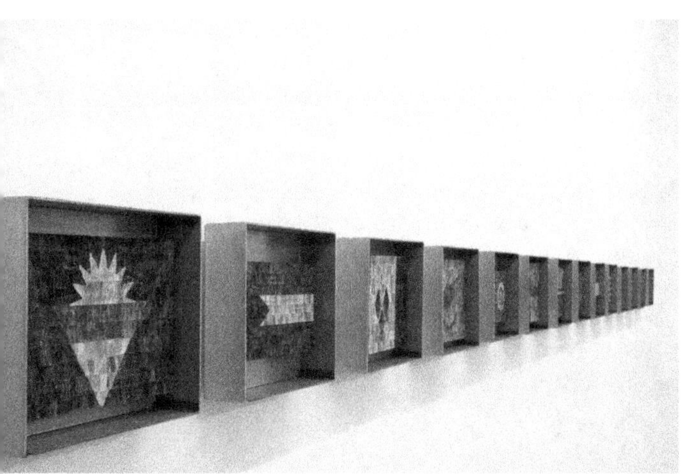

Les complaisants, 2014

La persona aborigena si aggira nelle strade fino a quando il parco non chiude la sera, poi si toglie il costume tradizionale che ha smesso di indossare decenni fa. Questa modalità di mettere in scena le comunità ha dato vita al progetto"[10]. A questa farsa, divenuta un vero e proprio lavoro e un business per il governo e l'industria del turismo, Bak si avvicina scegliendo Lahu, comunità che unisce sei villaggi. La problematica che ha dovuto affrontare sin dall'inizio – e che più estesamente si pone in maniera critica nel suo lavoro – è stata quella di come non essere percepita lei stessa come un elemento esterno, occidentale, che trasforma queste comunità in mero folklore alla mercé, in questo caso, del mercato artistico[11]. Il lavoro di gruppo che ha dato origine al primo video è la risultante di un lungo incontro che Bak ha avuto con i sei capo villaggio e i rappresentanti legali interni. Il giorno dopo questi hanno comunicato al paese, attraverso il sistema di megafoni per le strade, la partecipazione al progetto.

In Marocco, invece, la comunità montana di donne chiamate *jbalas* non si è fidata completamente di una donna occidentale e dopo alcune prime difficoltà si è deciso che fossero loro stesse a condurre il lavoro, a dirigere le altre donne, a dare loro i vestiti, etc. Da questo piccolo gruppo montano che sta per essere minacciato dall'arrivo dei turisti in cerca di esotico si passa a una situazione completamente differente e assai singolare, in Camargue. Qui una tradizione che ha una storia recente, basata su eventi che includono tori e giochi con i cavalli in stile western, ha portato le persone del luogo a un vero e proprio lavoro in cui vestono in abiti tradizionali per poi performare in un'arena dove un pubblico assetato li aspetta.

2017

DAI PAESI BASSI AL MAROCCO E RITORNO A BARLIN

Tra i moltissimi lavoratori sfruttati da multinazionali vi sono le donne della città di Tetouan, nel Marocco del Nord, il cui compito è quello di sbucciare gamberetti grigi provenienti dai Paesi Bassi dove sono pescati e da cui arrivano attraverso camion frigo. Dal Marocco poi ritornano indietro mentre le carcasse dei gamberetti sono usate per fini cosmetici. Dopo aver conosciuto queste donne marocchine più di due anni fa, Bak ha deciso di narrarne la storia attraverso una serie di lavori dal titolo *Boussa from The Netherlands* del 2017, letteralmente "un bacio [in arabo] dai Paesi Bassi". L'idea di base è di far loro realizzare qualcosa di diverso, "inutile" e creativo con l'unica parte del gamberetto che rimane inutilizzata dopo il processo di pulizia e uso delle carcasse: gli occhi. Il gruppo si riunisce, segretamente, portando ciascuna il proprio bottino di occhi, per pulirlo, cuocerlo e poi dipingerlo con smalti dei seguenti colori: rosso, bianco, blu, verde. Queste piccole perline colorate vanno poi a decorare l'interno delle bottiglie di vetro a sostituzione, quindi, della consueta sabbia usata a questo scopo per i souvenir. La decorazione vede una stella a 5 punte verde su fondo composto da tre strisce orizzontali rosso, bianco e blu: la bandiera del Marocco che campeggia su quella dei Paesi Bassi.

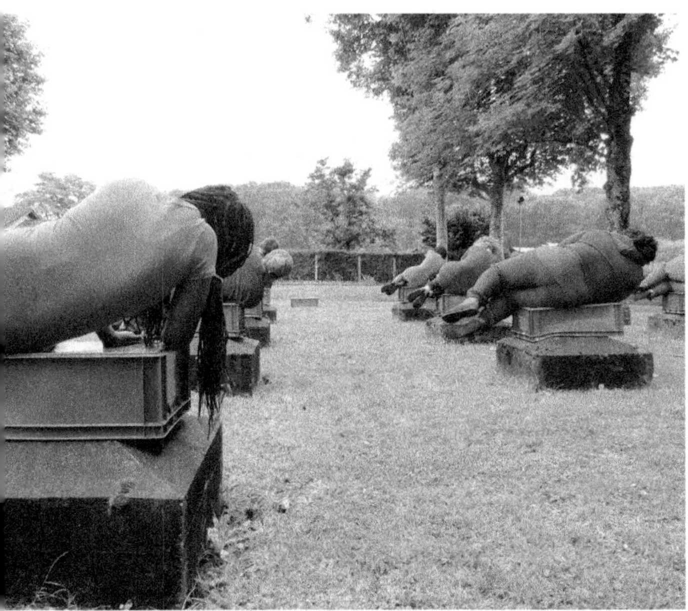

Figures imposées, 2015

A questo procedimento, nonché al lavoro in fabbrica per sbucciare i gamberetti, condito da tanti dettagli umoristici e da un'atmosfera generale partecipativa e divertita è dedicato *Boussa from The Netherlands 1*, video in 16:9 della durata di 19 minuti mentre *Boussa from The Netherlands 2* è l'installazione che comprende la serie di bottiglie di vetro decorate con occhi di gamberetto. Il terzo lavoro della serie, invece, *Boussa from The Netherlands 3*, è un video di due minuti e mezzo con la partecipazione di alcune donne a una lezione scolastica la cui finalità è imparare a cantare l'Internazionale Socialista, con la coda da sirena che spunta sotto i loro veli colorati e la bandiera olandese indossata a fascia lungo il petto.

Nel 2017 un episodio biografico porta nuovamente Bak a lavorare con la comunità di Barlin cercando di dar voce a un'ultima e tragica ingiustizia conseguente allo sfruttamento dei lavoratori. In questo caso si tratta della morte per silicosi causata dal lavoro nelle miniere di carbone e quindi dall'inspirazione del combustibile fossile. A oggi sono solamente tre i vecchi minatori rimasti presso la Cité N°5 e la morte per malattia professionale porta con sé un'ulteriore prepotenza subita, ossia il non adeguato riconoscimento da parte dei medici delle miniere del loro reale stato di salute. "Quando Bertille Bak viene a conoscenza del danno causato dalla silicosi, una malattia dovuta all'inalazione di polvere, è scioccata; e la sua confusione è comprensibile: mentre i medici delle miniere di carbone avevano diagnosticato un tasso di silice del 35% nei polmoni di suo nonno, quelli consultati in un ospedale misuravano un tasso del 75%. Sulla base di questa osservazione dell'ingiustizia, relativa alle disuguaglianze delle condizioni di lavoro (...) si lancia nella realizzazione di *Tu redeviendras poussière*, un film realizzato in collaborazione con i minatori in pensione di Barlin"[12].
Tu redeviendras poussière, letteralmente "Diventerai di nuovo polvere", è un video di 24 minuti in cui gli anziani del paese sono sottoposti a controlli medici che stabiliscono ridicole percentuali di silice nei loro polmoni nonostante l'evidenza del loro stato. La malattia e la morte imminente sono oggetto di prevaricazione da parte della classe medica scelta dalle società minerarie mentre di speculazione da parte dei più giovani del paese. Aver preso parte a questo progetto corale con l'artista ha fatto in modo non tanto di esorcizzare l'inevitabile fine ma di rendere grottesco il trattamento loro riservato e quindi di viverlo con più leggerezza. Alle riprese filmiche delle tombe nel cimitero, tutte con dediche e decorazioni connesse al lavoro in miniera, si succedono quelle delle prove trucco una volta cadaveri, del business attorno ai funerali e del contemporaneo e segreto ribellarsi degli anziani.

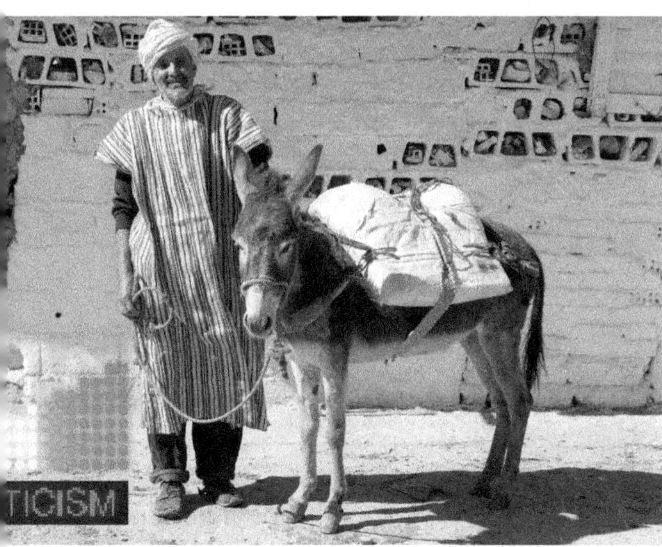

Usine à divertissement, 2016

II. METODOLOGIA DI LAVORO

I lavori filmici datati al 2007 e al 2008, ossia quelli relativi a Barlin, sono tutti girati in 4:3. A questi si aggiunge anche il corto del 2014, *Court n°4*, non menzionato nel capitolo precedente perché differisce per molti aspetti dalla consueta metodica di Bak la quale spiega che si tratta di un "raro video che si concentra unicamente su una persona, mentre solitamente sono interessata al collettivo. *Court n°1*, *Court n°2* e *Court n°3* sono stati realizzati nello stesso territorio in Barlin, insieme ai suoi abitanti. *Court n°4* è stato girato in un circo in Inghilterra; la situazione è completamente differente ma mette in luce un hobby individuale come negli altri. 'Court' (come corto) non è un titolo reale e questo mi permette di girare brevi storie"[13].

I quattro filmati sono tutti in bianco e nero, come lo sono parti del suo primo lungo video *T'as de beaux vieux, tu sais...* il cui stile rimanda al cinema delle origini e su questo aspetto ci si sofferma maggiormente nel capitolo successivo dedicato anche alle influenze, non solo artistiche, ma cinematografiche.

Questi video, insieme a *Faire le mur*, sono, come detto, in 4:3. Nonostante l'artista ami questo formato si è vista poi costretta a lasciarlo in favore del 16:9 e la ragione è di carattere pratico: "Dieci anni fa era facile avere piccole videocamere con questo formato, ora è difficile trovarne. Preferisco avere macchinari molto piccoli per filmare perché non stiamo facendo cinema e non voglio che le persone con cui lavoro si facciano impressionare da una telecamera per cinema"[14]. Per la medesima motivazione Bak cerca di girare ciascuna scena in una o massimo due inquadrature proprio perché non si tratta di attori professionisti e lei è interessata maggiormente a riprendere una situazione collettiva. Durante il girato le persone parlano e ridono molto per cui l'artista esegue il sonoro in un secondo momento, da sola o con il gruppo.

Questo aspetto del suo operare è probabilmente la caratteristica più evidente nei video di Bak che in qualche modo viene da lei stessa messa in luce in lavori come *Ô quatrième* del 2012 la cui colonna sonora è realizzata con gli oggetti appartenenti alle suore e la cui tipologia e uso è reso visibile nel coevo lavoro *Bande son*. Bak, quindi, diviene rumorista e attraverso questo aspetto "secondario" rispetto al visivo riesce a donare attenzione a particolari apparentemente trascurabili ma che divengono amplificati e resi quasi grotteschi, distogliendo volutamente l'attenzione dal soggetto principale, troppo carico di umana sofferenza. Lo stesso obiettivo è raggiunto anche da altri elementi di postproduzione come i video-collage, volutamente visibili. La rozzezza di alcuni montaggi, insieme al sonoro di certo non eseguito in presa diretta, non solo allontanano l'artista dal genere a cui non vuole appartenere perché non è il suo scopo, ossia il documentario, ma paradossalmente – ed è proprio il paradosso a permetterglielo – le consentono una maggiore aderenza alla realtà. Se alcuni sembrano essere messi quasi per scherzo (il piccione che guarda in *Urban Chronicle 3* del 2011 o i gatti che passano in *Boussa from The Netherlands 1* del 2017) altri, invece, sottolineano l'inquietante realtà che rendono visibile: in *Transports à dos d'hommes* del 2012 i fari del treno che passa per controllare la baraccopoli rom divengono umanizzati e rinforzano l'idea dell'ispezione da parte di reali poliziotti; in *Le tour de Babel* del 2014 le piccole camere dove alloggia l'equipaggio della nave da crociera, montate una accanto all'altra e una sopra all'altra, ben visualizzano la claustrofobia e l'assurdità delle loro condizioni di lavoro.

Un altro aspetto di fondamentale importanza in Bak è l'archiviazione: "Bak crea archivi non per isolare e classificare tipi umani, come farebbe una scienza oggettiva, ma per sottolineare, al contrario, la produttività sociale della comunità"[15]. L'incredibile quantità di rilievi, registrazioni e archiviazioni che l'artista realizza per ogni sua opera viene chiaramente indicata da lei stessa nel catalogo della mostra del 2012 presso il Musée d'Art moderne de la Ville de Paris, *Circuits*. La sezione finale del libro, riunita sotto il titolo *Répertoire*, rende visibile questa sua esigenza di elencare, inventariare, raggruppare. Si tratta di una sorta di glossario dove ciascuna parola viene affidata dall'artista a una persona che le è vicina nella sua attività. "Poiché nel mio lavoro il gruppo è la base, ho deciso di chiedere alla mia 'famiglia d'arte' di dare un contributo. (…) Ho dato loro una parola chiave importante nel mio approccio artistico, una parola che è anche di rilievo nella loro arte o nella loro ricerca e ho chiesto di definirla"[16]. La curatrice della mostra *Circuits*, Jessica Castex, risponde così al termine "Protocolli": "Inventario non esauriente di procedure e vocabolario formale: tipologia, topografia, cartografia, trascrizione basata su pratiche concettuali nei progetti di Bertille Bak. Questa metodologia non include questo lavoro in un approccio teorico. Crea un distanziamento nell'elaborazione del lavoro, un dialogo con le storie e una proliferazione di oggetti"[17]. A questa spiegazione seguono le diverse voci di archiviazione che individua: Processo; Tipologia; Rilievi; Cartografia; Pianta;

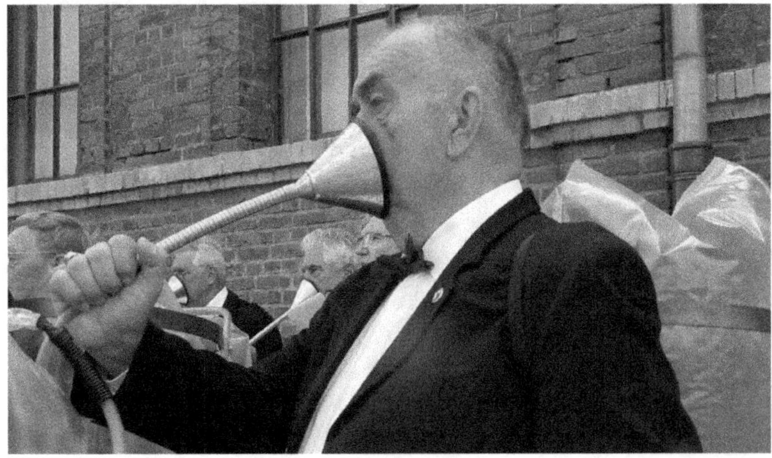

Tu redeviendras poussière, 2017

Processo meccanico; Trascrizione. Vengono incluse in questo elenco anche le opere meccaniche realizzate con Charles-Henry Fertin con il quale realizza, durante tutta la sua carriera, una serie di lavori elettromeccanici e al quale affida infatti la sezione n.12 del *Répertoire*, dedicata, appunto, alla "Machinerie". Queste macchine in movimento – un po' alla Jean Tinguely, un po' all'estetica anni Ottanta del mondo distopico di *Brazil* di Terry Gilliam, di certo fuori dal tempo – rendono chiaro un ulteriore ed evidente aspetto, ossia la passione verso il riuso, il bricolage, la manipolazione di oggetti esistenti tratti da passatempi individuali che sono parte integrante di tutto il lavoro di Bak e a volte divengono vere e proprie "tattiche di sopravvivenza" collettive[18].

III. CONTESTO, INFLUENZE E CONFRONTI

Bertille Bak è stata allieva di Christian Boltanski all'École nationale supérieure des beaux-arts di Parigi e con queste parole definisce i punti chiave dell'insegnamento avuto: "Credo che l'eredità ricevuta da Christian Boltanski risieda nella ricerca di mitologie individuali, nel bisogno di voler conservare le loro tracce e la Memoria ma anche il desiderio di portare alla luce molte vite anonime e poter far uso della narrativa immaginaria, applicare la fantasia per avere una maggior presa sulla realtà"[19]. Questo interesse verso il reale, verso gruppi di individui deboli alle prese con circostanze avverse e la cui storia vale la pena raccontare pone l'artista all'interno di un illustre filone di ritorno al reale i cui riferimenti storici vanno dalla narrativa di Émile Zola sino ai film di Roberto Rossellini[20] a cui possiamo tranquillamente aggiungere il realismo pittorico della Francia della metà dell'Ottocento. Ma la lente con cui Bak analizza la realtà – e che ben definisce ereditata da Boltanski – è quella di una narrativa immaginaria, laddove la favola, la farsa, la fiction diviene strumento per potenziarne i dati tangibili. A questo si aggiunge una buona dose di burlesco e umorismo, facendoci intravedere come più vicino Honoré Daumier piuttosto che Gustave Courbet. Non è un caso, quindi, che i riferimenti cinematografici a cui Bertille Bak guarda siano da una parte i documentari familiari e poetici di Claudio Pazienza (1962, Roccascalegna) e l'umanità drammaturgica di Wang Bing (1967, Xi'an) e dall'altra il parossismo e l'humour di Luc Moullet (1937, Parigi), l'uso umoristico del suono di Jacques Tati (1907, Le Pecq-1982, Parigi) e il mondo fantasioso e rocambolesco di Georges Méliès (1861-1938, Parigi)[21].

Il lavoro di Bertille Bak è stato sin dagli esordi paragonato a quello dell'inglese Jeremy Deller (Londra, 1966) ed entrambi gli artisti vengono di norma inseriti in quel filone che vede l'artista agire come un etnografo, teorizzato da Hal Foster nel saggio *The Artist as Ethnographer?* del 1995[22]. Tra i pericoli più insidiosi individuati da Foster, per l'artista come etnografo, vi è quello del "patronato ideologico": "Questo pericolo può derivare dalla presunta divisione nell'identità tra l'autore e il lavoratore o l'artista e l'altro, ma può anche sorgere proprio dall'identificazione (o, per usare il vecchio linguaggio, dal coinvolgimento) messa in atto per superare la divisione"[23]. Un passo del saggio di Foster sembra ben rappresentare la metodologia operativa di Bak che probabilmente la "salva" dal pericolo sopra citato: "Una modalità di lavoro orizzontale richiede che artisti e critici abbiano familiarità con la struttura di ciascuna cultura abbastanza bene da mapparla, ma anche con la sua storia abbastanza bene da narrarla"[24]. Mappatura, orizzontalità, conoscenza sono i cardini essenziali di ciascun progetto di Bak ma questo ovviamente non la rende immune dai pericoli insiti nella sua pratica per cui lei stessa si pone continuamente in atteggiamento critico verso il suo lavoro come si evince da una recente intervista: "La mia pratica artistica è sempre piena di dubbi come, ad esempio, su quanto hanno da 'dire' i gruppi con cui lavoro. Poiché, oltre a essere l'iniziatrice dei progetti a cui il gruppo partecipa, decido anche cosa viene mostrato. Può quindi questo, alla fine, rendermi un altro elemento esterno, che conduce il modo in cui sono messi in scena, assumendo il potere di rimodellare il loro presente e trasformare la loro storia in folklore?"[25].

Rispetto al parallelismo con l'opera di Jeremy Deller, in un'altra intervista l'artista asserisce: "Se il mio approccio ai gruppi è simile a quello di alcuni artisti e film-maker che documentano società minacciate di estinzione, come nel caso di Jeremy Deller con il suo inventario dei costumi folk, l'obiettivo del suo lavoro è un po' diverso. Il mio intento è quello di mostrare una realtà mai vista prima, attraversata da nuovi rituali che invento con i membri della comunità. Una sorta di coproduzione che inizia con le tradizioni e gli immaginari già appartenenti al gruppo"[26]. L'inventario dei costumi folk di cui Bak parla in riferimento a Deller è *Folk Archive* del 2005 che si differenzia proprio perché se l'artista inglese fa un'operazione di importazione di quel vocabolario nell'arte la francese, invece, in qualche modo lo crea insieme al gruppo. La medesima differenza è ravvisabile anche per il lavoro maggiormente messo a confronto con Bak, ossia il video *The Battle of Orgreave* realizzato da Deller nel 2001 – la rimessa in scena della giornata più violenta della rivolta dei minatori britannici del 1984 – perché "in Bak le rivolte, se non nascono esclusivamente per iniziativa dell'artista, di certo nascono dal suo incontro con il gruppo"[27].

A questo oramai consueto confronto con Deller se ne possono aggiungere altri, in modo particolare con artisti nostrani. Il primo riferimento è con il video *Dove il cielo è più vicino* del 2014 di Moira Ricci (Orbetello, 1977). L'artista maremmana, da sempre interessata all'immaginario rurale della sua terra di origine e a unire realtà e leggenda a tal punto da non saperne più riconoscerne i confini, in questo caso riscatta, con un'opera corale e partecipata, la dignità di una comunità agricola in lenta e inesorabile sparizione. Partendo dalla semplice e quanto meno bizzarra idea di costruire un'astronave utilizzando una vecchia trebbiatrice, l'artista insieme al padre e, mano a mano, a tutti i membri della famiglia e ai vicini, si avventura in un'impresa di creatività condivisa il cui unico scopo è quello di divenire coscienti di una fine, del lutto di una tradizione, nel costruire qualcosa che non ha nulla di utile se non la comica idea di poter fuggire in un altro pianeta, come l'artista e suo nipote, a fine video, sembra stiano per fare. Da quest'impresa di coscienza corale si passa a una metodologia di ricerca, coinvolgimento della comunità e inventariazione simile a quella di Bak anche se priva dell'aspetto ironico. Si tratta di *Inventory. The Fountains of Za'atari* del 2018 di un'altra toscana, Margherita Moscardini (Donoratico, 1981). In questo caso l'artista ha trascorso del tempo presso il secondo campo per rifugiati più grande del mondo, Al Za'atari Refugee Camp (governatorato di Mafraq, Giordania) aperto nel 2012 per accogliere i siriani in fuga dalla guerra civile. Moscardini non solo ha potuto studiare a fondo e sul luogo il campo grazie anche all'aiuto di esperti – in modo particolare della giornalista e studiosa di Medio Oriente Marta Bellingreri – ma ne ha scoperto i segreti, le contraddizioni e le situazioni virtuose tra le quali le fontane che gli abitanti si sono costruiti all'interno di cortili in cemento al centro dei loro container-stanze, portando quindi in seno all'architettura di emergenza un elemento più stanziale, tradizionale, creativo oltre che utile. Moscardini, con l'aiuto di un gruppo di lavoro – composto da Tammam e Tasneem Al Nabilsi, Eyyad Sabbagh sotto la direzione dell'ingegnere Abu Tammam Al Nabilsi – le ha quindi inventariate, disegnate e sta avviando pian piano anche un processo di ricostruzione delle originali e acquisizione da parte di istituzioni internazionali deputate all'arte, volendo creare in futuro delle vere e proprie zone di intensa riflessione politica e sociale nonché, utopicamente, dei "buchi neri" extra-territoriali, esenti da qualsiasi norma legislativa. Altri parallelismi con Bak possono essere avviati anche con il duo Invernomuto (fondato a Milano nel 2003 da Simone Bertuzzi, 1983, e Simone Trabucchi, 1982), di certo assimilabili alla stessa linea di ricerca che li vede "etnografi" e non a caso associabili a Jeremy Deller e, più indietro, a Mike Kelley. In Invernomuto la ricerca può essere più vicina all'antropologo che all'etnografo e di certo la parte di inventariazione non è presente se non attraverso una linea per nulla casuale di eventi che li porta a collezionare dati, a unirne gli esiti e a sviluppare narrazioni altre rispetto a quella principale. Oltre alla vera e propria ossessione per le tradizioni orali, folcloristiche e musicali vi è anche l'importanza che da sempre danno al "fake", nel loro caso estremamente visibile in uno slittamento di piani tra realtà e fiction che li rende a volte enigmatici a volte, invece, estremamente diretti e volutamente "grezzi" in alcuni specifici dettagli. Si ricorda qui che tra le influenze cinematografiche di Bak vi è il critico e regista Luc Moullet che ha fatto del cinema di serie B un bacino prolifico da cui attingere. Viene, infine, da citare, come ultimo parallelo con Bak, il lavoro della finlandese Pilvi Takala (Helsinki, 1981), anche lei prevalentemente video artista. Se la differenza tra le due risiede nel fatto che Takala non coinvolge direttamente i gruppi da lei analizzati e, anzi, lavora proprio sulle loro reazioni che non sarebbero naturali se sapessero sin dall'inizio della loro partecipazione a un'opera d'arte, l'analogia risiede tutta nel voler indicare la verità attraverso il paradosso. Takala si interessa molto agli ambienti di lavoro e a certe reazioni psicologiche e comportamentali che possono scaturire e l'unico modo che ha per rivelarle è quella di porre le persone in situazioni ben lontane dalla loro zona di comfort come nella recente installazione video a due canali *The Stroker* (2018) o in *The Trainee* del 2008.

I riferimenti al mondo del cinema e dell'arte come i confronti con altri artisti visivi non hanno alcuna volontà di essere esaustivi, perché questa non è di certo la sede né il tempo adatto per farlo. Servono unicamente a inquadrare meglio Bak e, nel delineare analogie e differenze, a capirne la specificità che risiede tutta nel dire la verità attraverso la finzione e nel farlo con voluta leggerezza. In fondo piangere è sempre un segno di lutto, qualcuno o qualcosa è morto o sta morendo. Quindi sorridere fa vivere o rivivere nuovamente cose, situazioni e persino persone; divengono, nel tempo di quel sorriso, meno ineluttabili.

1. Da uno scambio e-mail con l'artista, 1 agosto 2018.

2. Ida Soulard, *Paris – Bertille Bak. The Unsubmitted Form* in *Mousse*, Milano, N. 37, febbraio-marzo 2013, p. 182.

3. Matteo Mottin, *Intervista con Bertille Bak – The Gallery Apart, Roma* in *ATP Diary*, Milano, pubblicata online il 18 marzo 2016: http://atpdiary.com.

4. Julie Portier, *Finir en beauté, les fictions politique de Bertille Bak* in "Journal des Eglises", n°12, Centre d'art contemporain de la ville de Chelles, 2012, p. 12.

5. *Ibid.*

6. *Ibid.*

7. Bérénice Saliau, *Entertainment*

complexes in "trace", Espace d'art Le Moulin de la Valette-du-Var, inverno 2017, p. 11.

8. *Ibid.*

9. *Ibid.*

10. *Bertille Bak in conversation with Caroline Bourgeois*, Biennale de l'Image en Mouvement 2016, Centre d'Art Contemporain, Genève, Mousse Publishing, Milano 2016, p. 73.

11. Ivi, p. 77.

12. Julie Ackermann, *Art, révolte et luttes sociales: Bertille Bak dévoile son nouveau film* in *Les Inrockuptibles*, pubblicato online il 23 febbraio 2018: https://www.lesinrocks.com.

13. Da uno scambio e-mail con l'artista, 1 agosto 2018.

14. *Ibid.*

15. Laurent Jeanpierre, *Comme en commun (comme un comment)?* in *Bertille Bak. Circuits*, Musée d'Art moderne de la Ville de Paris, édition Paris-Musées, 2012, p. 10.

16. Da uno scambio e-mail con l'artista, 1 agosto 2018.

17. Jessica Castex, *Protocoles* in *Bertille Bak. Circuits*, Musée d'Art moderne de la Ville de Paris, édition Paris-Musées, 2012, sezione 10 del *Répertoire*, p.57.

18. Ida Soulard, op. cit., p. 182.

19. *Ibid.*

20. Christophe Kihm, *The art of the story* in *Bertille Bak, L'art de la fable*, édition Lab-Labanque, Béthune, Francia 2010, p. 44.

21. Per i riferimenti alla storia del cinema: Scambio e-mail con l'artista, 1 agosto 2018; Jessica Castex, *Circularités* in *Bertille Bak. Circuits*, Musée d'Art moderne de la Ville de Paris, édition Paris-Musées, 2012, pp. 11-12; Sezione *Répertoire* in *Bertille Bak. Circuits*, Musée d'Art moderne de la Ville de Paris, édition Paris-Musées, 2012, pp. 50-63.

22. Hal Foster, *The Artist as Ethnographer?* in George E. Marcus e Fred R. Myers, *The Traffic in Culture. Refiguring Art and Anthropology*, University of California Press, 1995; una versione più estesa del saggio è contenuta nel libro di Hal Foster, *The Return of the Real. The Avant-Garde at the End of the Century*, MIT Press, Cambridge MA, 1996, tradotto e pubblicato in italiano nel 2006 per i tipi di Postmedia Books, Milano.

23. Hal Foster, *L'artista come etnografo* in *Il ritorno del reale. L'avanguardia alla fine del Novecento*, Postmedia Books, Milano 2006, p. 178.

24. Ivi, p. 202.

25. *Bertille Bak in conversation with Caroline Bourgeois*, "Biennale de l'Image en Mouvement 2016", op. cit., p. 77.

26. Ida Soulard, *Paris – Bertille Bak. The Unsubmitted Form*, op. cit., p.181.

27. Julie Portier, op. cit.

Bertille Bak

The Fairy Tale of the Real

Manuela Pacella

postmedia ● *data*

Introduction

I. CHRONOLOGICAL JOURNEY

2007-2009. Around Barlin

2010-2011. From Thailand to New York

2012. Ascent and Descent in Paris

2014. The Alsatian Forest and the Saint-Nazaire Port

2015. Crossing the borders

2016. Northern Thailand – Northern Morocco – Southern France

2017. From the Netherlands to Morocco and return to Barlin

II. ART PRACTICE

III. CONTEXT, INFLUENCES AND COMPARISONS

*It's true that young people don't have any sense, they have no
experience, they are ignorant. But us, we have common sense,
and what does our common sense tell us? It tells us that if all the
elders gather in order to help her, well, she will be the first young
girl to be known during her lifetime, she will become an art star
thanks to us, thanks to our pre-posthumous genius, and they will
congratulate on her mature thinking at such a young age, you
understand?*
Bertille Bak, *T'as de beaux vieux, tu sais...*, 2007 (from 06:24 to
07:12)

INTRODUCTION

Bertille Bak was born in 1983 in Arras, in the Pas-de-Calais department, in the new region of Hauts-de-France, overlooking the English channel and on the border with Belgium. Thirty kilometres from Arras, the artist's grandparents used to live in one of the coal mining villages of Barlin, in the Cité N°5. Like the majority of the coal miners in the former Nord-Pas-de-Calais region, her grandfather too emigrated, in his case from Poland, to work in a coalfield. During her studies, first at the École nationale supérieure des beaux-arts in Paris as a student of Christian Boltanski (2002-2007) and later at Le Fresnoy Studio National des Arts Contemporains in Tourcoing (2007-2008), Bak spent three years – from 2006 to 2008 – in the Cité N°5, where she lived with her grandparents and transformed the entire neighbourhood and that part of the coal-mining region into her own atelier. Her first works, mainly videos – which in fact is Bak's preferred artistic medium – date back to these years, in Barlin and, along with her academic studies, they become the key element, the root (not by accident, also biographical) that defines the methodological approach and the narrative setting of her work.

The first video filmed by Bertille Bak is *T'as de beaux vieux, tu sais...* of 2007 and can be considered a real manifesto, which includes all those essential characteristics that would permeate her future works. Firstly, the long stay with a community where the artist spends at least 6 months not only to observe, learn and study, but also to create an atmosphere of mutual trust without which the next step would be impossible, that is developing together and co-producing one or more works. Bak never starts from a definite project *a priori*; at times they are casual meetings, everyday observations that lead her to approach groups of people whose own story is worth being told because oftentimes it remains invisible and unheeded or is in decline. Her videos do not have the documentary style at all, but they are micro-narrations characterized by light tones and ironic twists, which highlight certain aspects of a given group, whose habits and rituals become aesthetic endeavours capable of reaffirming the present, of restoring the dignity of their story, of looking afresh at it and with less gloomy colours. A sort of creative re-processing of grief or a realisation of their own present through an aesthetic act. In addition to the videos, Bak is also engaged in other works (drawings, mechanical sculptures, embroideries, etc.) often closely related to the films. Among the long-term works are those commenced in Barlin between 2006 and 2008 and which the artist intends to carry on, in an extreme utopian act of revival of the memory of those housing blocks now demolished, showing that Barlin is the building block of Bak's artistic practice. More key aspects, which can be found already at the early stage of her career, are of a methodological nature and concern, in particular, the use of the sound, of the video-collage and the archival data. Along with these more technical, though essential, aspects, is the context within which Bak works, that is that branch that sees the artist as an ethnographer, and the artistic and cinematographic influences as the comparison to highlight the analogies and the differences with other visual artists.

The two final chapters of the book are dedicated to these latter aspects – artistic practice, context, influences and comparison – which we have chosen to structure in a linear and chronological order, since it is Bak's first monograph, yet not completely exhaustive. The first and main chapter, therefore, examines her work in a horizontal and analytical way, arranging the works in chronological order and by geographical area, following the many journeys (and short stays) of the artist among the communities to which she wants to give voice.

Through this specific feature of travelling and living for a long period in a given place, Bak offers a unique and original perspective on the artist residencies, which nowadays have become a common practice for several artists. Some of them, however, after many years spent from residency to residency, from nation to nation, sometimes for too short periods, deplore the suffocating absence of a base to which to return or from which to leave, an eradication that in the long run may damage the research, since it is characterized by continuous gaps and divisions. On the other hand, Bak, deciding to start from her own roots, has understood how the notion of residency lies in its real potential of "residing", not only in a place and in a prestigious city (she herself in 2010 took part in the ISCP in New York) that can obviously offer a certain advantage within the art system, but above all in the everyday life and in the close contact with the group of people who become the co-producer of her work. If, for example, for the residency at the Grand Café contemporary art centre in Saint-Nazaire in the years 2012-2014 she had not chosen to also work at a Seaman Club, she would not have created *Le tour de Babel* and all the related artworks; likewise, without buying a caravan and living in a Roma camp at the outskirts of Paris, *Trasports à dos d'hommes* and, in particular, the group of works under the title *Dorohoï-Paris via Bucarest et Nuremberg* of 2012 would have not been possible since the main part – the tarpaulins covering the caravan – was made with the Roma children through the workshops in her caravan-atelier.

A horizontal reading then, like an art historiography, follows Bak's artistic path from 2007 to 2017, without any foretaste of her future. The aim is to give sense to an intense period of activity, without closing it but only pointing out the geographic circularity with which the decade begins and ends. Bak begins in Barlin and as of today, while I am writing this book, her last video is *Tu reviendras poussière* dated 2017, which is dedicated to the last members of that community, by now almost disappeared, who passed away from silicosis. A phase has probably ended, but with the certainty that the quasi paratactic folding, built on stable cornerstones, of her journey will carry on with the same, slow and determined, rhythm like those of the marches, of the parades, of the processions. It is no coincidence that this particular element – of the parade before the camera lens, or the eye of the spectator – is highly present in her work and it is maybe a hope for continuity in a general climate of constant and violent rupture. My wish is that you will be able to go on with the reading with the same calm and perseverance and that you will have the chance to enjoy Bak's videos – you will experience genuine moments of joy blended with tears.

Siksala Island, Finland
August 19th, 2018
(in memory of Arturo)

I. CHRONOLOGICAL JOURNEY

2007-2009

Around Barlin

From 2006 to 2008, Bertille Bak lived with her grandparents at the Cité N°5, in the city of Barlin in the Hauts-de-France region where, together with the former coal miners in retirement or unemployed due to the decline of the mining industry around the 1980s, she created a rich group of works. Her first piece dates back to 2007 with the video *T'as de beaux vieux, tu sais...* ("Your elders are beautiful, you know...") – unanimously considered the artist's manifesto – running for 24 minutes, shot in 4:3 ratio, both in colour and in black and white. Also produced in the same period are the three short films *Court n°1*, *Court n°2* and *Court n°3* (filmed in 4:3 black and white), and the series of 97 drawings using a ballpoint pen on paper titled *La Cité N°5*.

In *T'as de beaux vieux, tu sais...* the community of the Cité N°5 "asked itself how they could help a descendant of the mining city at the time a fine arts student. Starting from the cliché that it is preferable to be dead to have a successful artistic career, together with all the elders of the city we decided that they would replace me in the conception of my artistic project. Some inhabitants became actors, others production designers, or scriptwriters etc. For an absurd purpose that has revealed above all the strength and the spirit of mutual cooperation of this community."[1] This is how the artist commented her first film that starts with a black and white scene shot in the mining caves, which are spread throughout the region. The opening scene represents a failed flight attempt with a style that evokes the early cinema and whose audio post-production, together with the mechanical devices used (rails and cart), immediately set the tone of a funny sketch that would be found again in several details of the artist's following works.

Bak's long stay with the inhabitants of the town, the long time spent with them and the creation of a participatory work are the main elements, enriched by the distinctive aspects of a given community. In this case, those habits dictated mainly by boredom, such as observing and recording the cars that cross the town, become part of the creative process in which the group of elders participate to help the artist, considered too young to have enough experience and common sense to produce something significant, while Bak restores their legitimacy, not only of their everyday life but also of the importance of the awareness of their situation – that of a community at risk of extinction and troubled by poverty and unemployment since the Eighties. The unique way through which the artist succeeds in her attempt is by entrusting the project to these people, by restoring the dignity of their skills. One of the most significant scenes is the demonstration along a street of the town, headed by the artist who intones revolutionary-like slogans, "Society waved me and fine arts saved me. We have stopped fighting. Now we are ready to be shining!," followed by the elders visibly amused, while the youth stay indoors peeling the potatoes; or the artist's grandmother, undisputed star of the video, chasing the "magic" boots that, once captured and worn, turn her into a head cheerleader. The special musical mat that features in all her artworks is post-produced and it is used to channel the attention of the viewers to details only apparently not so relevant, yet useful to support an "ingenuous narration" and to distance themselves from the sadness of the subject[2] as in the case of the shoes chased by the grandmother or in the scene with the hen charmer Edmond (one of the inhabitants), in which the dubbing is made explicit through the video where two elderly couples, coordinated by an orchestra conductor, produce the sound with their own voices concurrently with the viewing of the videoclip. The same aim is achieved also through the video-collage, once again, in the scene of the cheerleader-grandmother whose face is intentionally and roughly rearranged onto a younger body.

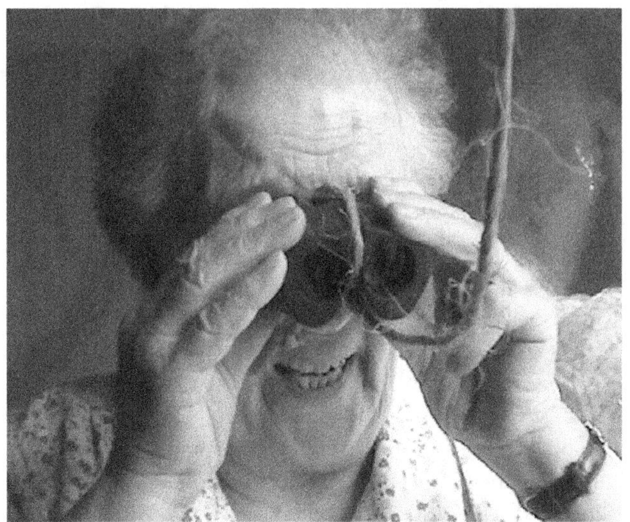

Court n°1, 2007

The three abovementioned short movies are similar to the black and white scenes of *T'as de beaux vieux, tu* sais…, still dated 2007. In the first movie, a woman is posted in one of the houses in the town as a lookout for the cars passing by on the streets and whose number plate is recorded on papers filling in the walls of the room. A habit dictated by tediousness which becomes a real job; in the second and third movie there are some bizarre mechanical contraptions placed on tracks. In *Court n°2* a group of elders are having fun as they operate by remote control some cars on whose tops are placed some characters attempting to fly; in *Court n°3* an absurd assembly line sees some children focused on a collective work of super-express production and home delivery of French fries, despite the McDonald's ad poster of which we can catch sight on one of the façades of the houses when the delivery child crosses the street.

The need to classify, to record and archive is a pervasive element in Bak and it takes the form of a survey of the present which is undergoing transformation, to consign it to future memory. This is the meaning of the booklet titled *La Cité N°5* consisting of 97 drawings that depict the houses of the district, using the ballpoint pen on white paper. The aim is not only to freeze in time a process in decline but to draw a real portrait of each house, apparently similar to each other, since they are standard social housing, but with details that make them different. "By building through the drawings the archive of all the mining towns before their destruction or restoration, I do not want to establish an exhaustive list of all the underlying expulsions, but rather to observe the small differences in the same multitude of buildings. It emerges how everyone appropriates the architecture, how the detached houses stand out from the crowd; the interest, therefore, is focused on the customisation by their dwellers within the strict uniformity of the buildings. In this regard, to me the drawings become portraits of the people who live in those spaces."[3]

The same spirit of archiving and representation pervades and nourishes the drawings collection *Untitled*, begun in 2008 and still under way. They are ballpoint pen drawings on rolls of paper measuring 21 cm in height and of variable length. Bak has started with Barlin with the aim to draw and create an archive of all the mining towns before their complete disappearance; a quite impossible endeavour since the restoration, renewal and demolition works of the mining towns had already started. The year 2008 marked the destruction of Barlin. The official letter sent to the town residents is featured in the work *Faire le mur* of 2008 (a 4:3, 17 minute short film). If, on the one hand, these run-down dwellings were in need of restoration since, for example, the bathrooms were situated outside and the domestic heating was still coal-fired, only during the restoration works the families were informed they could go back to their households but to a tripled rent, or they would have been reallocated in other cities of the region. The news made it impossible for the people to return to their houses and the inevitable outcome has been the end of a real tribe, whose organization was autonomous and where each inhabitant held a specific position within the group.

Inspired by this bitter end are the works created between 2008 and 2009, and of which *Faire le mur* of 2008, produced by Le Fresnoy – Studio national des arts contemporains, is the propelling force of the related works. The video has a characteristic which distinguishes it from the rest. The repetition and delay effects, both of the narration and of the shot movie, are probably awareness of a bygone time that becomes already a memory in the same making process. In this case, some typical activities of the community, such as the passing of a newspaper from household to household to be first read and then given to Hugeaux, who lives at no. 2 and recycles it into paper bricks to be used for the heating, are associated to new artistic activities with a revolutionary aim, like the lottery to win the colours to paint the façades of their houses. The inevitable exodus from their own town is represented through the passing of the inhabitants carrying their baggage before the fixed camera, a scene still characterized by a subtle hint of irony as the procession ends with a group of hens in tow. Some elements in the video become independent works that originate from here. The first element is a series of doors and latches, mounted together, clearly visible in a portion of the video. The artist collected around a hundred doors of the renovated or destroyed houses from the old mining towns of Barlin, Bruay, Marles-le-mine, and turned them into a collection of works, *Untitled* of 2009. In addition to this group of works, there is the weaving activity of the women in more parts of the video, whose final result would be *The Raft of the Medusa* by Théodore Géricault, as a metaphor of their own shipwreck. This work is part of *Rayonnage*, exhibited in 2017 during documenta14 and still under way. The artist, in order to keep alive the dismembered community and to keep them united despite the distance, has them hand-weave tapestries inspired by paintings depicting exoduses or massacres and the activity will be carried on until the members, although distant from one another, will be alive.

Other projects are inspired by these works, such as *Portraits* (2009), the installation designed using the original house numbers. In these places it is very common to associate the house number to its dwellers, a further personalization of the anonymity typical of social housing. One of the first mechanized works dates back also to 2009 and which, designed with Charles-Henry Fertin, has established a new leitmotif in the artist's practice, often associated to the duration of the exhibition where it is displayed. The work is *Robe*, an electromechanical machine capable of printing on the wall stamps having the shape of bricks, as a symbol of the seriality of the architecture of the workers' houses.

In 2009, this consistent group of works, together also with another mechanical installation, *Arcadie*, were featured in the first substantial exhibition by the artist at the Lab-Labanque in Béthune, and most of the works – the 4 videos, *Rayonnage*, *Untitled* (doors), *Untitled* (drawings) – were hosted in 2016 in the spaces of The Gallery Apart in Rome, Italy, on occasion of Bak's first solo show, significantly entitled *Radice* ("Root").

2010-2011
From Thailand to New York

In the district of Din Daeng, Bangkok, the inhabitants of a ten-apartment building were forced to leave their houses because the area had to be demolished in order to build a shopping mall. In 2008, the families protested against the eviction intoning traditional revolutionary Thai songs. The news did not have much resonance with the audience as, in order to comply with the government, the media do not report such issues. The voice of these people was therefore reduced to silence by the indifference of the political administration and of the news media. On this silence Bertille Bak has based the piece *Safeguard Emergency Light System* (a 16:9, 7-minute short video), exhibited in 2010, along with the related works, such as *Thaï Revolutionary Score of Lights in F Major / Music Score of Light,* in the Parisian spaces of the Xippas Gallery. It is a silent revolutionary action, an inaudible though visible chant through its translation into flashing Morse code signals that each household transmits from their balcony. The video is divided into two parts: in the first segment, the inhabitants rehearse the silent song with an orchestra conductor (with humorous details and revealing the artistic representation of the demolition of the building); in the second part, the entire building is filmed from the front and the song is reproduced not only by visible luminous signals coming from their balconies, but also through the ticking of the flashlights which are repeatedly switched on and off. Few seconds after the end of the song, the building collapses. The epilogue, bitter and inevitable, follows an operation that has drawn attention to a group of people who, together with Bak, celebrated their own inevitable end, through a silent and alternative revolt. As with all the actions co-produced with the communities "the event is not intended to change the reality but to 'end on a high note' with a poetic act [...] that inverts the roles of victims and actors."[4]

In 2010, the artist received the Edward Steichen award and could attend a six-month residency in New York at the ISCP. During this experience, once again, Bak intertwines her personal story with the collective story of the Polish community in New York. The knowledge and the observation of this community led her to create a series of works, all dated 2010, which become all tools for the final video, dated 2011. Compared to the previous videos, therefore, there aren't "derivative" material works related to the artistic or ritualistic aspects of the community, but these are created earlier to be integrated in the video thereafter; in this project they are used by a Polish migrant just arrived in New York and looking for his fellow countrymen. The narrative is closer to the fiction films than to the documentary and, as in all the artist's works, it is marked by humorous and poetic elements, as in all the artist's works. The series is titled *Urban Chronicle* and it was exhibited in 2011 at the Palais de Tokyo in Paris. The first work – *Urban Chronicle 1* – consists of 22 tiny rafts in a bottle, as the main symbol of exile (both the raft and the message in a bottle). *Urban Chronicle 2* and *Urban Chronicle 4*, on the other hand, are the result of the observation of the multitude of satellite dishes grouped on rooftops and of Bak's conclusion that a massive concentration of these antennas corresponds to the presence of a group of migrants who maintain close links with their own countries of origin through the media. The result is an annotation on the maps of the satellites and a form of archiving based on the portraits of the groups of antennas: *Urban Chronicle 2* consists of four cartographies that include the localization of the satellite dishes in Manhattan, Brooklyn, Queens and the Bronx, through Google Maps; *Urban Chronicle 4* consists of 1792 drawings in 14 notebooks with all the satellite dishes of the Polish neighbourhoods in Brooklyn and Queens. The Polish migrant, protagonist of *Urban Chronicle 3* of 2011 (a 16:9, 20-minute short film) sets out on his journey to New York City from Zambrov, Poland.

After winning a frog-racing competition, he receives as a gift from two women dressed in Polish traditional clothes, the papers to find his community once he reaches his destination, as well as a tiny raft in a bottle that he will carry with him to a water tower (which are a constant on the New York City rooftops), reached via the satellite guide of the maps and where he will hang his bottle alongside the others. The video narrative is interrupted by Polish advertisements and includes blatantly ironic elements, such as the pigeon's head on the traffic lights and which moves as it observes the car where the migrant is transported, as well as more documentary-like elements as the real final parade with carts and banners on which the artist wrote messages addressed to the young Polish, "Welcome", "Well Done", "Congratulations, you did it", "Welcome to the Polish immigrant 2010". The video ends with the list of the migrants with whom Bak came into contact in that period. For the artist, to thank them only by mentioning their name is not enough, therefore she adds important data that, once again, provide a portrait: dates of birth, dates of their arrival in New York and their current occupation.

2012

ASCENT AND DESCENT IN PARIS

The year 2012 marks an important cornerstone with the production of two major groups of works through which the key points of her oeuvre became strongly manifest. The first project was co-produced with Les Eglises – Centre d'art contemporain de la ville de Chelles and exhibited in 2012 in the same venue; the second group, on the other hand, was co-produced with the Musée d'art moderne de la Ville de Paris. Either project was showcased in 2012 at the *Circuits* exhibition in the Musée d'art moderne de la Ville de Paris.

If, in general, Bak raises awareness of hidden or unknown situations in gradual decline and, therefore, focuses on the narration of a present that will shortly disappear, here the idea of movement, of departure, of the inevitable decline is even stronger. In one work piece, it is the incipient end; in the other, it is the case of the real possibility of being deported. We are in Paris, in two very different places: a convent in the centre of the city and a Roma camp at the outskirts of Paris, in Ivry sur Seine.

Ô quatrième is a 16:9, 17-minute short film dedicated to the fourth floor of the Paris-based convent, and having as its protagonist Sister Marie-Agnès who, at minute 10:31, overtly says that "it is a story based on levels, everything works based on levels." As the nuns get older they move to the upper floor until they reach the fourth level, which is therefore the last floor that separates them from the final ascension. On the third floor are the nuns who are still able to carry out everyday tasks.

The art of recycling, merely as decoration and, in this case, almost animistic, is represented by the activity of Sister Marie-Agnès who creates little dolls using wool offcuts to adorn recycled corks. A further bizarre pastime opens the video: a group of nuns are focused on cutting in half old telephone books. Sister Marie-Agnès is entrusted the task of lining them with pieces of cloth. The usefulness of these objects is revealed shortly after: they are small kneelers for praying. When her moment arrives, Sister Marie-Agnès goes down to the ground floor and, before the eyes of the other nuns who slowly gather around her, gets on an electric powered stair lift which on its back carries the amusing parody of the "Safety on Board" found on the aircrafts, here applied to this specific tool for the nuns. Once she reaches the top of the staircase, she hangs on the wall large prayer sheets. It is "an act of activism before reaching the heavens: at the top of the stair lift, we witness the wild hanging of the prayers on the wall."[5] The fact that the sound plays an important role is exemplified by the scene where the attention is focused on the slippers of the nun who carries the handcrafted kneelers on a small trolley and where the sound is amplified in a paradoxical and burlesque manner, an adjective that fits Bak's oeuvre and, in particular, *Ô quatrième*. The artist develops a series of works around this video which somehow through their aesthetics evoke the conceptual art, minimalism and the monumental sculpture[6] but which, through their contents, redeem the frugality of this small confraternity. The work is *Bande son*, a series of boxes containing the personal belongings of the nuns of the fourth floor, employed for the video soundtrack whose exact use by the artist is described on a paper with the room map. The project is also completed by the stair lift chair on which Sister Marie-Agnès gets on (*Untitled*, 2012), and *Cellule*, yellow aluminium floor pieces reproducing the shape of the space assigned to each nun.

If in *Ô quatrième* the sound relativizes the represented suffering, in the other project of 2012, *Transports à dos d'hommes* (a 16:9, 15-minute long video), the sound dominates, constricts and is intentionally violent. The video is the result of the simple observation by the artist of a group of Roma musicians in the metro and how its noise becomes so deafening that it prevails over some notes of the performed songs. For the project, Bak initially approached some Roma accordionists who, once they established a relationship of mutual trust with the artist, introduced her to the rest of the community where the artist moved for a long period, with a caravan that she turned into her atelier. She developed with them the work within which – as with *Urban Chronicle 3* – she included some details she exhibited independently, guides and tools to survive the ferocity of the "democratic" world where these people are forced to live in hiding. The work is based in part on the huge endeavour of recording and survey titled *Notes englouties*. Bak firstly methodically recorded and archived the sound of each metro station of Paris and later of London, Madrid, Rome and Berlin, the other capital cities where the gypsies had already lived, in

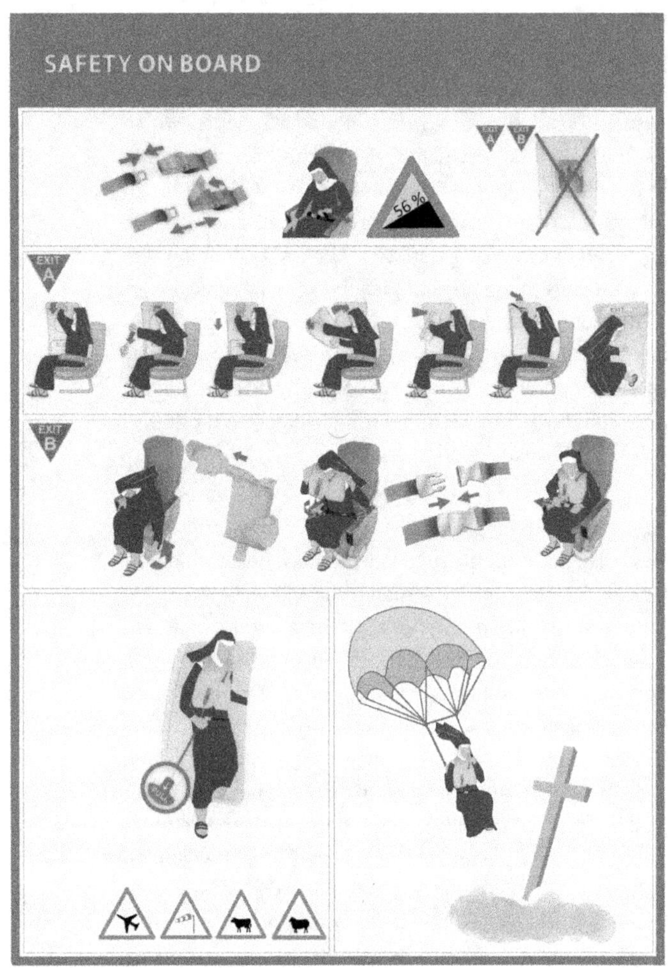

The "Safety on Board" created by Bertille Bak for the video *Ô quatrième*, 2012

order to establish which were the most hostile for the musicians. For each city, it is possible to push a button on an old Pilis (luminous itinerary maps), and listen to the noise of the selected route. In addition to this first sound archive, the artist includes a second survey which records the noise saturation peaks of the subways and the notes that in that moment are cancelled from the eight most played traditional songs in the European capitals. The result is therefore about 600 graphs for the work *Notes englouties 2*. An element in the video that doesn't go unnoticed is the tent made out of cork stoppers. The parallelism to those used by Sister Marie-Agnès for her tiny puppets is immediate. From a pastime, therefore, to an extremely useful object of inestimable worth to the gypsies, as it provide thermal and sound insulation. A tent built through this same way was displayed by Bak, together with these works, during the *Circuits* exhibition along with the installation *Dorohoï-Paris via Bucarest et Nuremberg*, consisting of a silent, 3-minute long looping video and a rolled-up, long painted canvas. It is the result of a workshop with the Roma children in the period Bak lived with them in the gypsy camp. In the final part of the *Transports à dos d'hommes* video, the arrival of a "police" train forces all the camp inhabitants to get on their caravans and to pull down a bizarre curtain. Externally it is painted like the surrounding environment; it is a real camouflage and a device to avoid the continuous inspections with the risk of deportation. In *Dorohoï-Paris via Bucarest et Nuremberg* Bak, alongside the children, depicted all the landscapes encountered from Dorohoï, their Romanian hometown, to Paris, following an accurate inventory work. The looping video is the implementation of this ingenious and extraordinary, new, chameleon-like, technique.

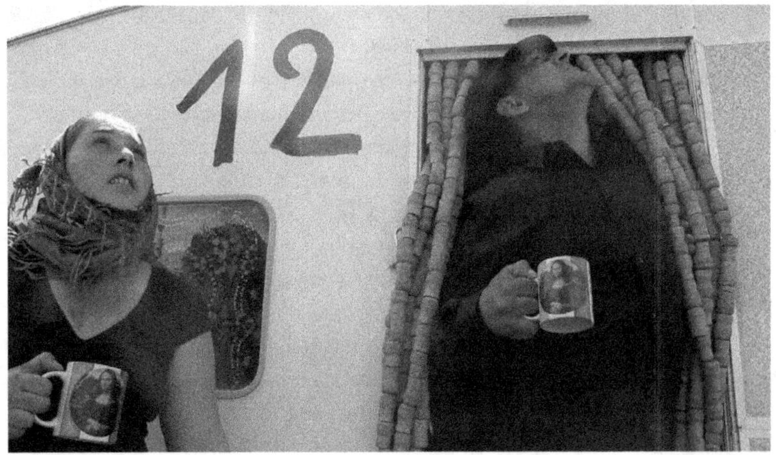

Transports à dos d'hommes, 2012

From 2011 to 2013 Bertille Bak met a group of hunters of the Alsatian Forest, in the Ursprung village, with whom she lived for a short period. The result is *Le hameau* of 2014, a 16:9, 22 minute-long video. The daily life of these wardens/hunters is marked by their habitual activities such as the census of the animal species, the domestication of the hunting dogs (so humanized that they seat at the table with them, eating from a plate) and the joinery. The line between human and animal is very fine and it becomes evident particularly in the scene where a young man walks, runs and jumps across the meadows just like a wolf would do, before his "brethren" who comment on his prowess. The fact that it is a wolf is exemplified by the question asked by a child: "What if the wolf realised that you are not a wolf?" Indeed, the small community is threatened by the arrival of the wolf that has to be sent off to the Alps. During the same period, Bak came into contact with some collectors of military items and the result from this relationship was the work piece *Collection automne hiver 2013/2014* consisting of about 300 tin toy soldiers from Nuremberg whose original Napoleonic uniform was replaced by the artist with the hand-painted clothes of the Alsatian hunters. The video art installation piece *Traquenard* also dates back to 2014, consisting of three 15-minute long looped video works, conceived together with Charles-Henry Fertin. It is a series of animations developed with a delicate line of traps that activate in a haphazard way. Their activation is linked to the sound whose intensity draws the attention of the viewer who is kept on a constant state of alertness, waiting for the next trap to be activated.

Between 2012 and 2014, Bak was on a residency programme at Le Grand Café –Contemporary art centre in Saint Nazaire where, in 2014, she exhibited the series of important work pieces related to this period and to the huge port of the Loire-Athlantique region.

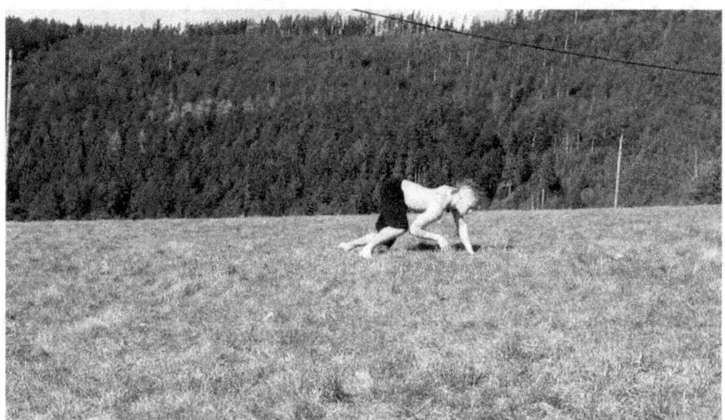

Le hameau, 2014

In order to be closer to the seafarers with whom Bak wanted to establish a relationship, the artist found a job at the Seaman Club to engage in a deeper dialogue with them. A change in her approach occurs due to force majeure. This work, rather than on the co-existence, is based on the absence as the artist cannot stay with the seamen for a long period. They, in fact, remain in Saint-Nazaire for no more than two nights, with the exception of the crew members of the cruise liners who stay for a few weeks. There are also the workers who build these massive vessels for the entertainment of the cruise passenger. During her stay in the port city, Bak could observe the construction process of the MSC Preciosa: "A true temple to floating distractions, this monumental cruise ship was at the time the largest in Europe."[7] Bak focuses on the construction of this epic "Tower of Babel", on the living conditions of the crew members and on the fulfilment of a dream of the holidaymakers who often have saved up their whole life so as to afford such experience, in order to produce the video *Le tour de Babel*, the installation *Les complaisants* and the electromechanical installation, of Duchampian memory, *La marée mise à nu par ses célibataires, meme*, which were all exhibited for the first time in 2014 at Le Grand Café in Saint-Nazaire. "The dream begins in Marseille and then berths in Italy, Tunis and Spain before ending up where it had begun. Continually disembarking and re-embarking holiday-makers, who have often there invested a whole lifetime of savings, rewarded by a superfluous décor, more or less 'authentic' according to their deck level. For the workers of fifty-three different nationalities it is damnation in the Mediterranean: the cycle of one week, a never-ending repetition of fifteen hours of work and three uniforms per day. Cargo-handler, waiter, cleaner, actor, laundry worker, croupier, masseur… the jobs follow as quickly as the bingo, sun-bathing, tearoom dances or Zumba. At the stern, the well-named 'flag of convenience' flutters in the wind, stubbornly revealing where the Italian ship is registered for tax purposes. In international waters, Employment Law and Safety and Security Regulations are those of Panama or the Cayman Islands."[8]

The description of the vessel, along with the working conditions due to the "flag of convenience"– or otherwise called "shadow flag" – as it allows the owner to avoid taxation, although it does not ensure the safety requirements and adequate working conditions of the crew is described in the video *Le tour de Babel* through a voice-over narration similar to that of sports commentary, while the immense city by the sea, the apotheosis of mass tourism, struts in front of the camera.

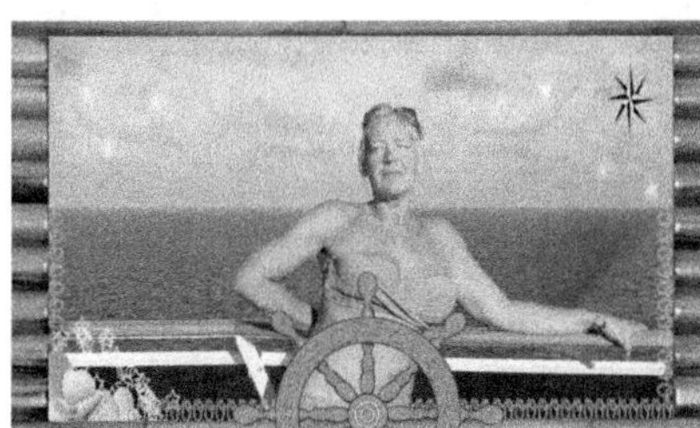

Le tour de Babel, 2014

The alienating conditions of the crew members are compared to those of the holidaymakers who, though unconsciously, fall in with a consumerist rhythm of the wellbeing or of the entertainment, which makes the video not very comforting. The solitude of the seamen, their living conditions deprived of dignity and their being away from their countries of origin and from their spouses is Bak's main subject of interest, who was able to build a relationship of mutual trust with these people and to collect from each crew member she met in Saint-Nazaire a lock of their hair whereby the artist created *Les complaisants*, a series of 35 marquetry works which depict "flags of convenience". Through this work Bak draws on an old practice of the seafarers, who during long sea voyages used their own hair to create hand-woven works as a pastime. The artist, by bringing back to life this old ritual, restores the seafarers' denied dignity. The project *La marée mise à nu par ses célibataires, meme*, developed in collaboration with Charles-Henry Fertin, consists of a series of erotic pictures of women, hidden behind red curtains that open following a specific rhythm-dance. Displayed at Le Grand Café in Saint-Nazaire, the electromechanical work was connected, through a computer visible to the viewers, to the seaport that provided in real time sizes, names and information on the ships arriving in the port. As the vessel entered the port, the opening of the curtains stopped and the ground-mounted mechanical structure started to move, adapting to the measures of the berthed vessel. A momentary "suspension of time which perhaps finally allows the women from the glossies to be embodied as the wives waiting on the quayside."[9] In 2018, a different version of *La marée mise à nu par ses célibataires, meme* was exhibited, along with other works, for Bak's second solo show in Rome at The Gallery Apart, titled *All Inclusive Viaggio*. Since the work was not connected with the Saint-Nazaire port, it consisted only of the lack of rhythm of the randomly mechanical opening of the curtains, very similar to the abovementioned video-animation *Traquenard*, keeping the viewers in a curious state of alert for a split second of nakedness.

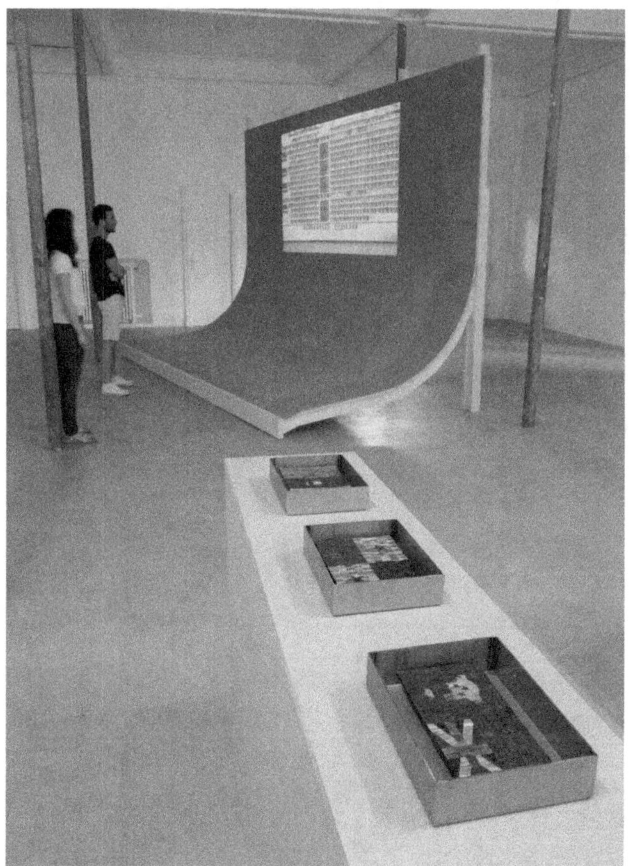

Installation view at Le Grand Café, Saint-Nazaire, 2014

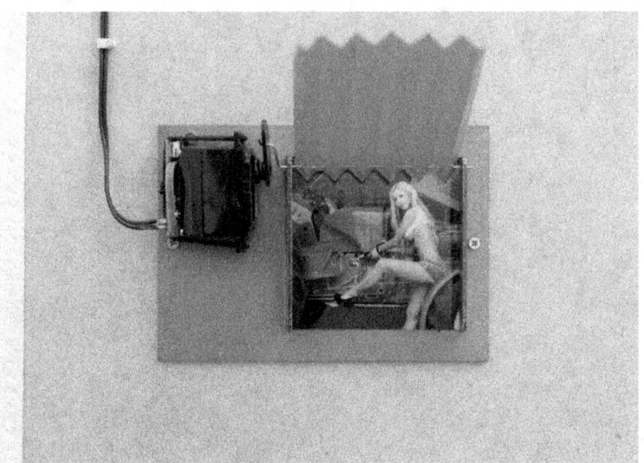

La marée mise à nu par ses célibataires, même, 2014

In 2015, on occasion of the Lyon Biennale of Contemporary Art, Bak exhibited *Figures imposées*, a 16:9, 6 minute short film, commissioned by the Maison des Femmes du Hédas within the "Nouveaux Commanditaires" programme, promoted and supported by the Fondation de France sponsored by the Pointdefuite association. The work piece relies on other supports from the following institutions: Fondation Daniel et Nina Carasso; Direction Régionale des Affaires Culturelles d'Aquitaine; région Aquitaine. The Maison des Femmes du Hédas is in Pau, in the New Aquitaine region and, since the Eighties, it has welcomed women of every nationality and has been committed to fighting violence, discrimination and racism.

For this commissioned project the artist reflects, as she already did with her previous works – in particular for the gypsies in Paris – on the issue of immigration interpreted from a female perspective and dedicated to the dangers involved in travelling clandestinely. The video was filmed in the Gurs internment camp, in Béarn, in south-western France, originally constructed in 1939 for the Republicans who fled from Spain and a group of women of different age and nationality undergo an excruciating boot camp training whose aim is to avoid border checks by hiding inside the aircrafts or land vehicles under construction, creating small artificial lakes to go under water, or tread close to the ground changing the colours of their clothes based on the piece of land they cross, whether it is sprinkled with yellow flowers, covered with green grass or fertilized soil. In a Full Metal Jacket-like training routine, the evident fatigue of the women's training is in contrast with the construction of the aircrafts or of the trucks where the workers' routine is interrupted by fast and dark silhouettes who find bizarre hiding places. The irony of these moments and, in general, of the farce of the whole video, is however bitterly tainted by a fundamental truth, as already happened for the camouflages of the Roma caravans.

2016

During her stay in Saint-Nazaire, Bak developed a strong interest for the industry of mass tourism which inspired the trilogy *Usine à divertissement*, co-produced by the Centre d'Art Contemporain de Genève for the 2016 Biennale de l'Image en Mouvement. From the cruise liners analysed in *Le tour de Babel* the artist moves to a different form of travelling that, notwithstanding dictated by principles of sustainability or responsibility, is however changing several tribal communities in a negative way. It is the indigenous tourism. *Usine à divertissement* (a 16:9, 20-minute long video) consists of three short films in as many different locations which analyse the topic from different perspectives: in the Lahus village, in northern Thailand, where the everyday life is marked by the farce designed for the holiday-makers; a village in the Rif mountainous region, in northern Morocco, where the people are getting ready to face the arrival of tourism; Saint Marie de la Mer, in Camargue, in southern France, keeps alive a tradition that is no more than a century old.

This is how Bak has described the idea from which the trilogy stemmed: "I got to know Thailand more than ten years ago, and I've seen how the country has changed. Mass tourism has arrived, and it has become a top destination in Asia. The intrepid tourist is put up in a magnificent resort and presented with a wide choice of excursions, including the now-famous visit to a tribal village. Gradually, as interest in aboriginal tourism has grown, villages have been purpose built close to big cities. Different tribes, who never actually lived together, have been settled on the same narrow strips of land. Artificial human reserves like these exist as entertainment to satisfy tourists' craving for the exotic, with a traditional meal thrown in, a dance, some crafted items, and a selfie taken dressed in typical fashion with the 'savages'. The aboriginal person hangs around until the park closes at seven in the evening, then takes off the traditional costume he or she

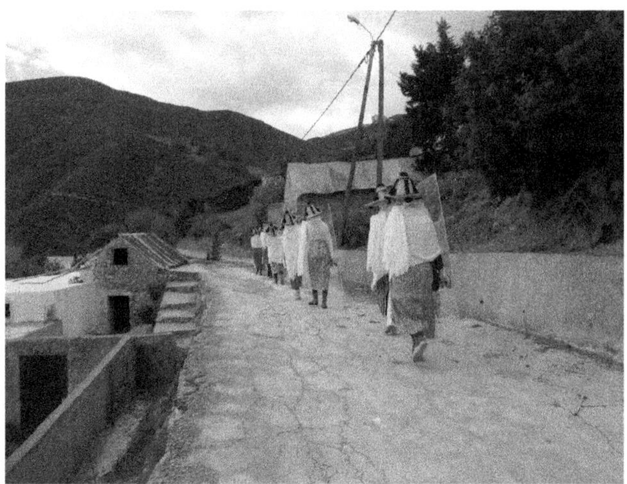

Usine à divertissement, 2016

stopped wearing decades ago. This mode of putting communities on show gave birth to the project."[10]

Bak approaches this farce, which has become a real business for the government and the tourism industry, by choosing Lahu, a community composed of six villages. The problem she had to deal with since the very beginning – and which more extensively plays a critical part in her work – was how to manage not to be perceived herself as an external element coming from the western, transforming these communities into mere folklore at the mercy, in this case, of the art market.[11] The team work that created the first video is the result of a long meeting that Bak had with the six village chiefs and the internal legal representatives. The following day they communicated to the village inhabitants, by means of loudspeakers along the streets, the participation in the project.

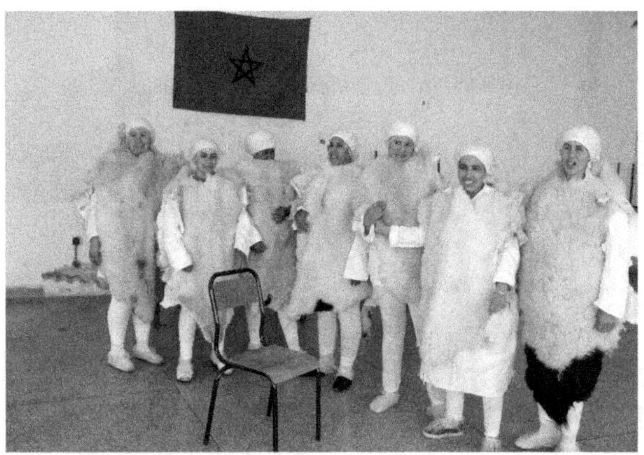

Boussa from The Netherlands 1, 2017

In Morocco, on the other hand, the mountain community of women called *jbalas* did not completely put their trust in a western woman and after some initial difficulties, it was decided that the same women would carry out the work, leading the other women, and handing them the clothes, etc. From this small mountain group threatened by the arrival of tourists in search of the exotic we move to a completely different and very unique situation, in Camargue. Here a fairly recent tradition, based on events that include bulls and western-style games with the horses, led the local people to a real work where they wear traditional clothes to perform in an arena where an eager audience is waiting to see them.

Among the several workers exploited by the multinational companies are the women from the city of Tetouan, in Northern Morocco, whose job is to hand-peel shrimps coming from the Netherlands where they are fished and from where they arrive on refrigerated trucks. They then are trucked back from Morocco to the North Sea while the carcasses of the shrimps are used for cosmetic purposes. After meeting these women more than two years ago, in 2017 Bak decided to tell their story through a series of works titled *Boussa from The Netherlands*, with "boussa" meaning "kiss" in Arabic. The basic idea was to encourage them to create something different, "useless" and creative using the only part of the shrimp that remains unexploited after the cleaning process and the use of the carcasses: the eyes. The group meets, in secret, and each of the women brings her own loot of eyes, to clean, cook and then paint them with varnishes in the following colours: red, white, blue, green. These tiny coloured beads would decorate the inside of the glass bottles replacing, therefore, the usual sand used to fill in the souvenirs. The decoration consists of a green 5-pointed star on a field of three red, white and blue horizontal stripes: the Moroccan flag that sits above that of the Netherlands. The work piece *Boussa from The Netherlands 1*, a 16:9, 19-minute long video, is dedicated to this activity, as well as to the work in the processing plant to hand-peel the shrimps, spiced up by many humorous details and by a general participatory and amused atmosphere; while *Boussa from The Netherlands 2* is the installation consisting of the series of glass bottles decorated with the eyes of the shrimps. The third work that composes the series, *Boussa from The Netherlands 3*, is a two minute and a half short film of a group of women taking part in a school lesson where they learn to sing the International Socialist Anthem, with the mermaid tail poking through their colourful veils and the Dutch flag worn like a sash along the chest.

In 2017, a biographical episode brought Bak back to work again with the Barlin community, in an attempt to give voice to a further and tragic injustice as a cause of the exploitation of workers. The death from silicosis caused by underground coal mining and consequently by the inhalation of the fossil fuel. Today only three old miners live in the Cité N°5 and the death from occupational disease implies a further injustice suffered by the workers, that is the lack of an appropriate recognition and treatment of their health conditions by the doctors employed by the mining company. "As Bertille Bak learned about the damage caused by silicosis, a condition resulting from the inhalation of dust, she was shocked; and her confusion is relatable: while the doctors of the coal mines had diagnosed a 35% rate of silica in his grandfather's lungs, the doctors at the hospital assessed a 75% silica rate. Based on the observation of this social injustice involving the inequalities of the working conditions [...], the artist plunged into the creation of *Tu redeviendras poussière*, a short film in collaboration with the retired miners of Barlin."[12] *Tu redeviendras poussière*, literally "To dust you will return", is a 24-minute long video where the elders of the village undergo medical checks that establish-assess ridiculous percentages of silica in their lungs despite evidence of their health conditions. The disease and the incipient death are target of prevarication by the group of doctors employed by the mining companies and of speculation by the youngsters of the town. Taking part in this "polyphonic" project with the artist contributed not so much to exorcise the inevitable end, but to make their discriminatory treatment grotesque and therefore to live it with greater levity. To the filming of the headstones in the graveyard, all with dedications and decorations related to the mining work, follow the scenes of the makeup trial of the corpses, of the business around the funeral trade and of the concurrent and secret revolt of the elders.

The videos from 2007 to 2008, that is those related to Barlin, were all filmed in 4:3 ratio. The group also includes the short film of 2014, *Court n°4*, which we did not mention in the previous chapter as it differs in many respects from Bak's usual practice, who explained that "It's a rare video because it focuses only on one person while I'm interested in the collective. *Court n°1, Court n°2* and *Court n°3* were shot in the same territory in Barlin, with its inhabitants. *Court n°4* was filmed in a circus in England; the situation is absolutely different but it brings to light an individual hobby as in the others. 'Court' (as 'short' video) is not a real title and this allows me to film very short stories."[13]

The four short films are all in black and white, as are some scenes of her first long video *T'as de beaux vieux, tu sais...* whose style evokes the early cinema, but we will discuss this aspect in more detail in the following chapter, dedicated not only to the artistic, but also cinematographic, influences. These videos, including *Faire le mur*, were filmed in 4:3 ratio. Notwithstanding the artist loves this video format, she was forced to abandon it for the 16:9 for a practical reason: "Ten years ago it was easier to have very small cameras with this format, now it's difficult to find them. Today I prefer having smaller cameras because we are not making cinema, and I don't want that the people I work with are intimidated by a movie camera. So now I shoot with a basic and very small camera."[14]

For the same reason, Bak tries to shoot each scene in one or maximum two framings because the protagonists are not professional actors and she is mainly interested in filming a collective situation. In the videos, the people talk and laugh a lot, therefore the artist produces the sound effects afterward, alone or with the group. This aspect of her practice is possibly the most palpable characteristic in Bak's videos, which somehow is highlighted by the artist herself in works such as *Ô quatrième* of

2012 whose soundtrack was created with the nuns' belongings and whose typology and use is visible in the coeval work *Bande son*. Bak, therefore, becomes a foley artist and through this "secondary" aspect – if compared to the visual element, manages to bring the attention to only apparently negligible details, but which are amplified and made almost grotesque, by intentionally diverting the attention from the main character, too burdened with human suffering. The same aim is achieved also by other post-production elements, such as the video-collages, deliberately visible. The roughness of some editing, as well as the sound not recorded live, not only distance the artist from the documentary film genre, to which she does not want to belong, but paradoxically – and it is exactly the paradox to make it possible – also allow her to reach a greater adherence to reality. If some elements seem to be included in jest (the observing pigeon in *Urban Chronicle 3* of 2011 or the cats in *Boussa from The Netherlands 1* of 2017), others, indeed, underline a frightening reality: in *Transports à dos d'hommes* of 2012, the headlights of the train patrolling the gypsy camp are humanized and reinforce the idea of inspection by the actual police officers; in *Le tour de Babel* of 2014, the small cabins where the cruise liner crew stay, mounted one next to each other and one on top of the other, well represent the claustrophobia and the absurdity of their working conditions.

A further fundamental aspect in Bak's practice is archiving: "Bak creates archives not only to isolate and classify human types, as an objective science would do, but, conversely, also to underline the social productivity of the community."[15]

The incredible number of surveys, recordings and archives that the artist creates for each of her work piece is clearly provided by herself in the catalogue of the *Circuits* exhibition hosted in 2012 at the Musée d'Art Moderne de la Ville de Paris. The final section of the, book, under the title *Répertoire*, highlights this need of the artist of listing, cataloguing, and grouping. It is a sort of glossary where each word is entrusted by the artist to a person belonging to her team work. "As in my work the group is the base, I decided to ask my 'art family' to contribute. (…) I gave them an important word of my art approach, a word which is important too in their art or research, and asked them to define it."[16]

The following is the definition given by the curator of the *Circuits* exhibit, Jessica Castex, for the word "Protocols": "Non-exhaustive inventory of procedures and formal vocabulary: typology, topography, cartography, transcription based on conceptual practices in the projects of Bertille Bak. This practice does not include this work in a theoretical approach. It creates a partition in the development of the work, a dialogue with the stories and a proliferation of objects."[17]

The explanation is followed by the different items she identifies: Process; Typology; Surveys; Cartography; Map; Mechanical process; Transcription. In this list are also included the mechanical works conceived with Charles-Henry Fertin with whom, during her entire career, she created a series of electromechanical work pieces and to whom she entrusted the section n.12 of the *Répertoire*, dedicated to the "Machinerie". These motorized machines – partly à la Jean Tinguely, partly re-interpreting the aesthetics of the Eighties as in Terry Gilliam's dystopian world of *Brazil*, definitely out of time – highlight a further obvious aspect, that is the passion for recycling, for bricolage, for the manipulation of existing objects from individual hobbies, which are part of Bak's entire work and which, at times become real collective "tactics for survival".[18]

Bertille Bak followed the teachings of Christian Boltanski as a student at the École Nationale des Beaux-Arts in Paris. She defined the key points of the education received as follows: "I believe the legacy passed on to me by Christian Boltanski consists in the pursuit of individual mythologies, the need to want to conserve their traces and Memory, but also the desire to bring many anonymous lives into the spotlight, and to be able to make use of the imaginary narrative, applying fantasy to get a better grip on a truth."[19] This interest for the real, for the weak social strata facing adverse circumstances and whose story is worth being told, places the artist within an illustrious movement of return to the real, whose historical references range from the novels by Émile Zola to the films by Roberto Rossellini[20] to which we can also add the Realism movement begun in France in the 1850s. However, the lens through which Bak analyzes the reality – and which she said she inherited it from Boltanski – is that of an imaginary narrative, where the fairytale, the farce, the fiction become a tool to support its evidence-based data. Moreover, a smattering of burlesque and humour can be found in her work, which draw her closer to Honoré Daumier rather than Gustave Courbet. It is no coincidence, then, that the cinematic references at which Bertille Bak looks are, on the one hand, the poetic and familiar documentaries by Claudio Pazienza (Roccascalegna, 1962) and the dramaturgical humanity of Wang Bing (Xi'an, 1967) and, on the other hand, the paroxism and the humour of Luc Moullet (Paris, 1937), the humorous use of the sound by Jacques Tati (Le Pecq, 1907 – Paris, 1982) and the fantasy and adventurous world of Georges Méliès (Paris,1861-1938).[21]

The oeuvre of Bertille Bak has been compared since the beginnings to that of the English Jeremy Deller (London, 1966) and both the artists are usually included in that movement which sees the artist as ethnographer, theorized by Hal Foster in his essay *The Artist as Ethnographer?* published in 1995.[22] Among the most insidious dangers defined by Foster, for the artist as ethnographer, there is the "ideological patronage": "This danger may stem from the assumed split in identity between the author and the worker or the artist and the other, but it may also arise in the very identification (or, to use the old language, commitment) undertaken to overcome the split."[23] An excerpt from Foster's essay seems to well represent Bak's art practice that probably saves her from the aforementioned danger: "This horizontal way of working demands the artists and critics be familiar not only with the structure of each culture well enough to map it, but also with its history well enough to narrate."[24] Mapping, horizontal conception, knowledge are the cornerstones of each project conceived by Bak, who however is not obviously immune from the dangers inherent to her art practice and in fact she herself constantly has a critical attitude towards her work, as can be understood from a recent interview: "My own artistic practice is always riddled with doubts regarding, for instance, how much to 'say' the groups I work with have. Because as well as being the initiator of projects in which the group takes part, I'm also the one who decides what is shown. Does that make me, in the end, another external element, conducting the way they're exhibited, assuming the power to reshape their present and turn their history into folklore?"[25] With regard to the parallelism with Jeremy Deller, in another interview the artist said: "If my approach to groups is similar to that of certain artists or filmmakers who document societies threatened by extinction, as in the case of Jeremy Deller with his inventory of folk costumes, the objective of my work is a little bit different. My intention is to show a reality not seen before, crossed by new rituals I invent together with the members of the community. A sort of co-production that starts with the traditions and imaginaries already belonging to the group."[26] The inventory of the folk costumes Bak refers to as she talks about Deller is *Folk Archive* of 2005, which differs precisely in that the

English artist imports that vocabulary into the art, while the French artist somehow creates it together with the community. The same difference is recognizable also for the artwork more frequently compared to Bak, the video *The Battle of Orgreave* filmed by Deller in 2001 – the re-enactment of the most violent day of the British striking miners in 1984 – because "in Bak the revolts, if they do not arise exclusively on her own initiative, definitely they arise from her encounter with the group."[27]

In addition to the usual analogy with Deller, there are a number of further parallelisms, in particular with the Italian artists. The first reference is with the video *Dove il cielo è più vicino* ("Where the sky is closer") of 2014 by Moira Ricci (Orbetello, 1977). Through this polyphonic and participatory work, the artist from Maremma Tuscany, who has always been interested in the rural imaginary of her homeland and in blending myth with reality so much so that borders become blurred, restores the dignity of a farming community which is slowly but inexorably disappearing. Starting from the simple, or at least, bizarre idea of building a spaceship using an old threshing machine, the artist, together with her father and progressively with all the family members and the neighbours, undertakes a creative participatory enterprise, whose only aim is to become aware of an end, of the loss of a tradition, by building something that has nothing useful if not the hilarious idea of flying away to a different planet, as the artist and her nephew, at the end of the video, seem to be about to do.

From this general awareness we move on to a research methodology, to an involvement of the community and to the inventory activity similar to that of Bak's, although without the ironical element. The artwork is *Inventory. The Fountains of Za'atari* of 2018 by Margherita Moscardini (Donoratico, 1981), another artist from Tuscany. For this project the artist spent some time in the world's second-largest refugee camp, Al-Za'atari Refugee Camp (in Mafraq Governorate, Jordan) opened in 2012 to host Syrians fleeing the civil war. Moscardini not only could study in depth and in the field also thanks to the help of experts – particularly of the reporter and Middle East scholar Marta Bellingreri – but could also study its secrets, its contradictions and the virtuous situations, such as the fountains built by the inhabitants inside the concrete courtyards at the centre of the their container-rooms, thus bringing a more permanent, traditional, creative and also useful element into emergency architecture. Moscardini, with the help of a working group – composed of Tammam and Tasneem Al Nabilsi, Eyyad Sabbagh under the direction of the engineer Abu Tammam Al Nabilsi – then inventoried and drew them, and she is putting in place a process of reconstruction of the original fountains and their acquisition by international art institutions, as she aims to create in the future areas of intense social and political debate as well as, in a utopistic way, some extra-territorial "black holes", exempt from any legislation.

Further parallelisms with Bak can be drawn also with the duo Invernomuto (founded in Milan in 2003 by Simone Bertuzzi, 1983, and Simone Trabucchi, 1982), who indisputably belong to the same field of research that sees them as "ethnographers" and therefore comparable to Jeremy Deller and, going further back in time, to Mike Kelley. In Invernomuto the research may be part more of anthropologist's work than of the ethnographer's, and the inventory activity is certainly not present, if not through a series of events, which are not accidental at all, that lead them to gather data, to compare the outcomes and to develop narratives different from the main story. In addition to their real obsession for the oral, folkloristic and music traditions, there is also the importance that they have always given to the "fake", which in their oeuvre is highly visible in the shifting between reality and fiction that at times makes them enigmatic and, other times, extremely straightforward and "rough" in certain details. Moreover, we should highlight that among Bak's cinematic influences is the critic and filmmaker Luc Moullet who tapped into the madly prolific reservoir of B-movies. Finally, as a last parallelism with Bak, we can mention the work by the Finnish artist Pilvi Takala (Helsinki, 1981), mainly known for her video works. If the difference between the two artists lies in that Takala does not involve directly the community groups she analyzes and, in fact, she works on their reactions that would not be spontaneous if they were informed from the beginning about their participation in an artwork, the analogy consists in revealing the truth through the paradox. Takala is particularly interested in the working environments and in certain psychological and behavioural reactions that may occur and the only way she has to disclose them is by putting the people in situations far away from their comfort zone, as in the recent two-channel video installation *The Stroker* (2018) or in *The Trainee* of 2008.

The references to the world of cinema and art as well as the comparison with the other visual artists do not still aim at being exhaustive, as this is neither the appropriate setting nor timing to address that. They are only useful to understand Bak better and to outline analogies and differences, to comprehend the specificity that lies in saying the truth through fiction, with intended levity. After all, crying has always been a sign of mourning someone or something passed away or dying. Thus, smiling makes us live or re-live things, situations and even people; they become, in the instant of that smile, less ineluctable.

1. From an exchange of e-mails with the artist, August 1st, 2018.

2. Ida Soulard, *Paris – Bertille Bak. The Unsubmitted Form* in *Mousse*, Milan, n. 37, February-March 2013, p. 182.

3. Matteo Mottin, (2016, March 18) *Intervista con Bertille Bak – The Gallery Apart, Roma* in *ATP Diary*, Milan, retrieved from http://atpdiary.com.

4. Julie Portier, *Finir en beauté, les fictions politique de Bertille Bak* in "Journal des Eglises", n°12, Centre d'art contemporain de la ville de Chelles, 2012, p. 12.

5. *Ibid.*

6. *Ibid.*

7. Bérénice Saliau, *Entertainment complexes* in "trace", Espace d'art Le

Moulin de la Valette-du-Var, Winter 2017, p. 11.

8. *Ibid.*

9. *Ibid.*

10. *Bertille Bak in conversation with Caroline Bourgeois*, in *Biennale de l'Image en Mouvement 2016*, Centre d'Art Contemporain, Genève, Mousse Publishing, Milan 2016, p. 73.

11. Ivi, p. 77.

12. Julie Ackermann, (2018, February 23) *Art, révolte et luttes sociales: Bertille Bak dévoile son nouveau film* in "Les Inrockuptibles", retrieved from https://www.lesinrocks.com.

13. From an exchange of e-mails with the artist, August 1st, 2018.

14. *Ibid.*

15. Laurent Jeanpierre, *Comme en commun (comme un comment)?* in *Bertille Bak. Circuits*, Musée d'Art moderne de la Ville de Paris, édition Paris-Musées, 2012, p. 10.

16. From an exchange of e-mails with the artist, August 1st, 2018.

17. Jessica Castex, *Protocoles* in *Bertille Bak. Circuits*, Musée d'Art moderne de la Ville de Paris, édition Paris-Musées, 2012, *Répertoire*, section 10, p. 57.

18. Ida Soulard, *Paris – Bertille Bak. The Unsubmitted Form*, op. cit., p. 182.

19. *Ibid.*

20. Christophe Kihm, *The art of the story* in *Bertille Bak, L'art de la fable*, édition Lab-Labanque, Béthune, France 2010, p. 44.

21. For the references to the history of film: Exchange of e-mails with the artist, August 1st, 2018; Jessica Castex, *Circularités* in *Bertille Bak. Circuits*, Musée d'Art moderne de la Ville de Paris, édition Paris-Musées, 2012, pp. 11-12; Section *Répertoire* in *Bertille Bak. Circuits*, Musée d'Art moderne de la Ville de Paris, édition Paris-Musées, 2012, pp. 50-63.

22. Hal Foster, *The Artist as Ethnographer?* in George E. Marcus e Fred R. Myers, *The Traffic in Culture. Refiguring Art and Anthropology*, University of California Press, 1995; a more extensive version of the essay is included in the book by Hal Foster, *The Return of the Real. The Avant-Garde at the End of the Century*, MIT Press, Cambridge MA, 1996, translated and published in Italian, Postmedia Books, Milan 2006.

23. Hal Foster, *L'artista come etnografo* in *Il ritorno del reale. L'avanguardia alla fine del Novecento*, Postmedia Books, Milan 2006, p. 178.

24. Ivi, p. 202.

25. *Bertille Bak in conversation with Caroline Bourgeois*, op. cit., p. 77.

26. Ida Soulard, *Paris – Bertille Bak. The Unsubmitted Form*, op. cit., p. 181.

27. Julie Portier, *Finir en beauté, les fictions politique de Bertille Bak*, op. cit.

PHOTO CREDITS

p. 9
T'as de beaux vieux, tu sais..., 2007
Video 4:3 stereo, 24 mins
Set photography
Courtesy: Bertille Bak & The Gallery
Apart, Rome, & Galerie Xippas, Paris-
Geneva-Montevideo-Punta del Este

p. 10
T'as de beaux vieux, tu sais..., 2007
Video 4:3 stereo, 24 mins
Video still
Courtesy: Bertille Bak & The Gallery
Apart, Rome, & Galerie Xippas, Paris-
Geneva-Montevideo-Punta del Este

p. 60
Court n°1, 2007
Video 4:3 stereo, 2,30 mins
Courtesy: Bertille Bak & The Gallery
Apart, Rome, & Galerie Xippas, Paris-
Geneva-Montevideo-Punta del Este

p.13
La Cité N°5, 2007
Notebook with 97 drawings, black pen
on paper
A5 format
Collection Frac Aquitaine

p. 14
Untitled, 2008-on going
Series of drawings, black pen on paper,
variable dimensions
Installation view of the exhibition
Radice, The Gallery Apart, Rome, 2016
Courtesy: Bertille Bak & The Gallery
Apart, Rome, & Galerie Xippas, Paris-
Geneva-Montevideo-Punta del Este
Photo: Giorgio Benni

p. 15
Faire le mur, 2008
Video 4:3 stereo, 17 mins
Set photography
Production Le Fresnoy – Studio national
des arts contemporains
Courtesy: Bertille Bak_Le Fresnoy

p. 17
Untitled, 2009
Doors, chains and padlocks, variable
dimensions
Courtesy: Bertille Bak & The Gallery
Apart, Rome
Photo: Giorgio Benni

p. 18
Faire le mur, 2008
Video 4:3 stereo, 17 mins
Video still with the detail of the textile
work taken from Théodore Géricault's
The Raft of the Medusa
Courtesy: Bertille Bak_Le Fresnoy

p. 19
Rayonnage, 2009-2014
Supporting structure made of iron, 6
embroideries (wool on canvas, 90x130
cm each) and iron rod to move the
canvases
Installation view of the exhibition
Radice, The Gallery Apart, Rome, 2016
Collection EMST National Museum of
Contemporary Art, Athens, Greece
Photo: Giorgio Benni

p. 20
Safeguard Emergency Light System,
2010
Video 16:9 stereo, 7 mins
Set photography
Courtesy: Bertille Bak & The Gallery
Apart, Rome, & Galerie Xippas, Paris-
Geneva-Montevideo-Punta del Este

p. 23
Urban Chronicle 3, 2011
Video 16:9 stereo, 20 mins
Video still
Courtesy: Bertille Bak & The Gallery
Apart, Rome, & Galerie Xippas, Paris-
Geneva-Montevideo-Punta del Este

p. 25
Ô quatrième, 2012
Video 16:9 stereo, 17 mins
Video stills
Coproduction Les Eglises – Centre d'art
contemporain de la ville de Chelles
Courtesy: Bertille Bak & The Gallery
Apart, Rome, & Galerie Xippas, Paris-
Geneva-Montevideo-Punta del Este

pp. 27, 72
Transports à dos d'hommes, 2012
Video 16:9 stereo, 15 mins
Video still
Coproduction Ville de Paris, Paris-
Musées
Courtesy: Bertille Bak & The Gallery
Apart, Rome, & Galerie Xippas, Paris-
Geneva-Montevideo-Punta del Este

p. 28
Camouflage for caravans made with the
Roma children of Ivry sur Seine for the
video *Transports à dos d'hommes* and
for the installation *Dorohoï-Paris via
Bucarest et Nuremberg*, 2012

p. 31
Collection automne hiver 2013/2014,
2014
About 300 painted tin soldiers in
Nuremberg, wooden support and
plexiglass, 9x6x800 cm
Courtesy: Bertille Bak & The Gallery
Apart, Rome, & Galerie Xippas, Paris-
Geneva-Montevideo-Punta del Este

p. 33
Les complaisants, 2014
35 hair marqueteries in metal frames,
17,5x22,5x5 cm each
Production Le Grand Café, centre d'art
contemporain, Saint-Nazaire, France
Courtesy: Bertille Bak & The Gallery
Apart, Rome, & Galerie Xippas, Paris-
Geneva-Montevideo-Punta del Este
Photo: Giorgio Benni

p. 35
Figures imposées, 2015
Video 16:9 stereo, 16 mins
Video still
Commission of the Maison des Femmes
du Hédas as part of the "Nouveaux
commanditaires" programme
Courtesy: Bertille Bak

pp. 37, 81
Usine à divertissement, 2016
Video trilogy, 20 mins
Video stills
Coproduction with the Biennale de
l'Image en Mouvement 2016
Courtesy: Bertille Bak & The Gallery
Apart, Rome, & Galerie Xippas, Paris-
Geneva-Montevideo-Punta del Este

p. 40
Tu redeviendras poussière, 2017
Video 16:9 stereo, 24 mins
Video still
Production Artconnexion, Lille
Courtesy: Bertille Bak & The Gallery
Apart, Rome, & Galerie Xippas, Paris-
Geneva-Montevideo-Punta del Este

p. 70
The «Safety on Board» created by
Bertille Bak and mounted on the back
of the stair lift where Sister Marie-
Agnès climbs at the end of the video *Ô
quatrième*

p. 72
Le hameau, 2014
Video 16:9 stereo, 21:30 mins
Video still
Courtesy: Bertille Bak & The Gallery
Apart, Rome, & Galerie Xippas, Paris-
Geneva-Montevideo-Punta del Este

p. 74
Le tour de Babel, 2014
Video 16:9 stereo, 22 mins
Video still
Production Le Grand Café, centre d'art
contemporain, Saint-Nazaire, France
Courtesy: Bertille Bak & The Gallery
Apart, Rome, & Galerie Xippas, Paris-
Geneva-Montevideo-Punta del Este

p. 77
Installation view at Le Grand Café, Saint-
Nazaire, 2014
Video *Le tour de Babel* and part of the
installation *Les complaisants*
Photo: Marc Domage

p. 78
*La marée mise à nu par ses célibataires,
même*, 2014
In collaboration with Charles-Henry
Fertin
Installation with electromechanical
packages and prints on glossy paper
(11x16 cm each)
Courtesy: Bertille Bak & The Gallery
Apart, Rome
Photo: Giorgio Benni

p. 82
Boussa from The Netherlands 1, 2017
Video 16:9 stereo, 19 mins
Set photography
Courtesy: Bertille Bak & The Gallery
Apart, Rome, & Galerie Xippas, Paris-
Geneva-Montevideo-Punta del Este

Bertille Bak
La fiaba del reale - The Fairy Tale of the Real
di Manuela Pacella

postmedia books 2018
postmedia books second printing 2020
92 pp. 27 ill.
isbn 9788874902286

Questo libro è stato pubblicato in collaborazione con
The Gallery Apart, Rome, Italy
This book has been published with a contribution by
The Gallery Apart, Rome, Italy
www.thegalleryapart.it

Postmedia Srl
Milano
www.postmediabooks.it